Elmar Perkmann

Das Konstrukt Hexe

nachgezeichnet
am Beispiel der Völser Hexenprozesse
von 1506 und 1510

Elmar Perkmann

Das Konstrukt Hexe

nachgezeichnet am Beispiel der
Völser Hexenprozesse von 1506 und 1510

Hintergründe
Recherchen
Schlussfolgerungen

gewidmet den unschuldig hingerichteten
Völser Frauen und Männern

Ich bedanke mich bei der Gemeinde Völs und der Stiftung Sparkasse für ihre Unterstützung bei Erstellung der Gedenkschrift von 2006, die als Grundlage für diese aktualisierte Auflage dient und für die Erlaubnis, dieses Material in dieser Publikation zu verwenden.

Bibliographische Information der Deutschen Nationalbibliothek:
Die Deutsche Nationalbibliothek verzeichnet diese Publikation in der Deutschen Nationalbibliographie; detaillierte bibliographische Daten sind im Internet über *http://dnb.de* *abrufbar.*

© 2019 Elmar Perkmann
www.elmar-perkmann.eu
2. aktualisierte Auflage
ISBN: 9783734790867

Herstellung und Verlag: BoD – Books on Demand, Norderstedt

Inhalt

*Des Schlosses Last**

Sankt Peter auf dem Bühl, der neue Turm wird aufgerichtet
Und auch die Völser Kirche steht noch im Gerüst
Sieh, wie sich der Nebel langsam lichtet
Bis er dann Schloss und Graben frisst.

Frühling kommt, lässt da und dort die Knospen springen;
Im Tal, das hinterm Felssporn in den Abgrund fällt
Sieht man ihn noch mit Frost und Kälte ringen.
Der Hund im Burghof bellt und bellt.

Der Blick fällt auf das Schloss, auf Balken und Gemäuer
Wer kennt die Last, die es in seinen Mauern birgt?
Angst und Not, Verzweiflung, Feuer
Das Grauen, das in leeren Fensterhöhlen würgt.

Der Lärchenwald auf Schnaggen, scheint es, steht in Flammen
Wie auch die Frau am Pfahl, die Menge johlt und schreit
Feuer tobt, schlägt über ihr zusammen
Und irgendwann herrscht wieder Dunkelheit.

Fünfhundert Jahre sind es, dass die Kästen brannten
Die Asche längst verweht, die Zeit verrinnt.
Das Schloss ist leer, zerbröckelt Zinnen, Kanten
Und in den Nächten klagt die Eule,
stöhnt der Wind.

Elmar Perkmann

*vor Übernahme des Schlosses durch das Kuratorium Schloss Prösels und der
Aufarbeitung der Hexenprozesse in einem internationalen Symposium 2006.

Einleitung

Es gibt sie überall in Südtirol, vornehmlich zwischen Völs und Kastelruth: Flugbereit auf Balkonen und Terrassen, in Wohnzimmern und Schaufenstern – und auf einer großen Zahl von Webseiten der Hotels und Pensionen: Niedliche, putzige, warzige, Kopftuch tragende Puppen in Flickenkitteln, besenbewehrt, mit hämischem bis bösartigem Grinsen zwischen Hakennase und spitzem Kinn.

Manche Touristen sammeln sie nachgerade und führen das Hexenvolk zurück nach Italien, wo die Inquisition ihren Ausgang genommen hat. Oder sie enden zwischen Gartenzwergen und Vogelhäuschen in einem Vorgarten, die Hexenpuppen, und drehen sich langsam im Wind.
Was soll das?, mag einer fragen, dem die Sache mit dem Hexenwesen unter die Haut geht, der an Tausende Frauen denkt, die mit verrenkten Gliedern auf dem Scheiterhaufen brennen, wo die Wahrheit doch die ist, dass –

Wenn Sie möchten, werden wir gemeinsam eine Reise in unsere Vergangenheit unternehmen, in eine Zeit, die, wie andere belastete Zeiten auch (der Nationalsozialismus etwa), vielleicht nur widerwillig ins Bewusstsein vordringen und sich doch nicht völlig verdrängen lassen. Lassen wir's doch, wie es ist, mag einer denken. Warum in der Vergangenheit „schtirgn" (kramen), wo es doch in der Gegenwart genügend Probleme gibt…

Der Anlass dieser Schrift sind zwei Jahre, die auch uns Völsern im ersten Moment wenig sagen: 1506. 1492, ja, die Schüler wissen von der

Entdeckung Amerikas; 1809 die Tiroler Freiheitskämpfe. Aber 1506? Und 1510? Am 7. Juli 1506 und am 3. August 1510, vor einem halben Jahrtausend, sind hier bei uns in Völs Menschen bei lebendigem Leib verbrannt worden, weil man sie für Hexen und Zauberer hielt. Und unsere Vorfahren waren mit dabei – als Täter/innen und Opfer.

Die Gemeindeverwaltung von Völs in Südtirol, Italien hat 2006 mit einigen Veranstaltungen und mit einer von mir verfassten Gedenkschrift, die dieser Arbeit als Basis dient, dieser schrecklichen Ereignisse gedacht. Sie sind eingeladen, durch Ihr Interesse und Ihre Anteilnahme einen Abschnitt unserer Vergangenheit zu reflektieren und sie damit ein Stück weit zu bewältigen. Liebe Leser/innen aus dem deutschsprachigen Ausland, bedenken Sie: Das Phänomen der Hexenverfolgung ist ein europäisches! Mit Sicherheit sind auch Sie, ist auch Ihre Heimat davon betroffen. So können wir Völser/innen, aber auch Sie, als Nachgeborene Verantwortung für ein kollektives Verbrechen übernehmen, das unsere Altvorderen auf Grund ihrer Befangenheit, auf Grund ihres Gefangen-Seins in ihrer Zeit, an unschuldigen Mitbürger/innen begangen haben.

Ich habe mir mit dieser Schrift die Aufgabe gestellt, Sie als Ihr Zeitreiseführer in jene Epoche zu begleiten, die uns einerseits ein völliges Rätsel ist, die andererseits jedoch zeitübergreifende menschliche Dimensionen sichtbar macht: Immer noch gehen wir in Momenten der Not und des Unglücks auf die Suche nach Schuldigen, weil wir unsere eigene Verantwortung nicht übernehmen wollen oder können. Noch immer setzen wir – zunehmend auch in den Sozialen Medien – Gerüchte in die Welt und werden ihrer nicht mehr Herr. Noch immer geben wir einzelnen mehr Macht als ihnen zusteht und als sie verantworten können; noch immer werden Frauen nur ihres Geschlechts, Menschen ihrer Herkunft oder Hautfarbe wegen benachteiligt und diskriminiert; und seelisch wie körperlich gefoltert wird auch heute noch. Doch wir verbrennen nicht mehr, das ist wohl wahr.

Wir werden untersuchen, inwieweit wir aus dem, was vor fünfhundert Jahren vor unserer Haustür geschehen ist, Lehren für unsere Gegenwart

ziehen können. Wenn das möglich ist, haben wir die Reise nicht umsonst gemacht. Eine Vergnügungsreise wird es ohnehin nicht.
Das Phänomen der Hexenverfolgungen ist ohne Hintergrundwissen nicht nachvollziehbar. Wir werden uns darum mit Aspekten der damaligen Zeit beschäftigen, in deren Zusammenschau das Phänomen vielleicht in etwa verstanden, „begriffen" werden kann.

Ich habe meine Recherchen und meine Schlussfolgerungen nach bestem Wissen und Gewissen vorgenommen, dennoch ist meine Schwerpunktsetzung subjektiv ebenso wie die Art der Darstellung. Ich bin Lehrer und Germanist und erst in zweiter Linie historisch qualifiziert. Diese Arbeit widerspiegelt das zweifelsohne, wenn ich weniger als nüchterner Historiker ans Werk gehe denn als engagierter, nach Verstehen und Verständnis suchender nachgeborener, mitbetroffener Völser. Die Analyse des akribisch recherchierten Quellenmaterials und der Sekundärliteratur folgt aber sehr wohl wissenschaftlichen Kriterien, die mir natürlich auch als Germanist vertraut sind.

Ortsunkundigen Leser/innen sei erklärt, wo sich Völs am Schlern befindet: Wenn Sie über den Brennerpass nach Südtirol/Italien Richtung Bozen fahren, passieren Sie einige Kilometer vor Erreichen der Stadt auf der orografisch linken Talseite das Gemeindegebiet von Völs am Schlern. In der kleinen Ortschaft Blumau kurz vor Bozen führt eine Landesstraße nach Völs auf 800 Höhenmeter ü.d.M. Schloss Prösels liegt im gleichnamigen Weiler Prösels, zu dem eine steile Stichstraße von der Landesstraße abzweigt.

Nähere Informationen erhalten Sie auf meiner Webseite:
www.elmar-perkmann.eu
Die Koordinaten von Schloss Prösels: +46° 30' 18.99", +11° 29' 45.24"

Lasst uns unsere Reise beginnen.

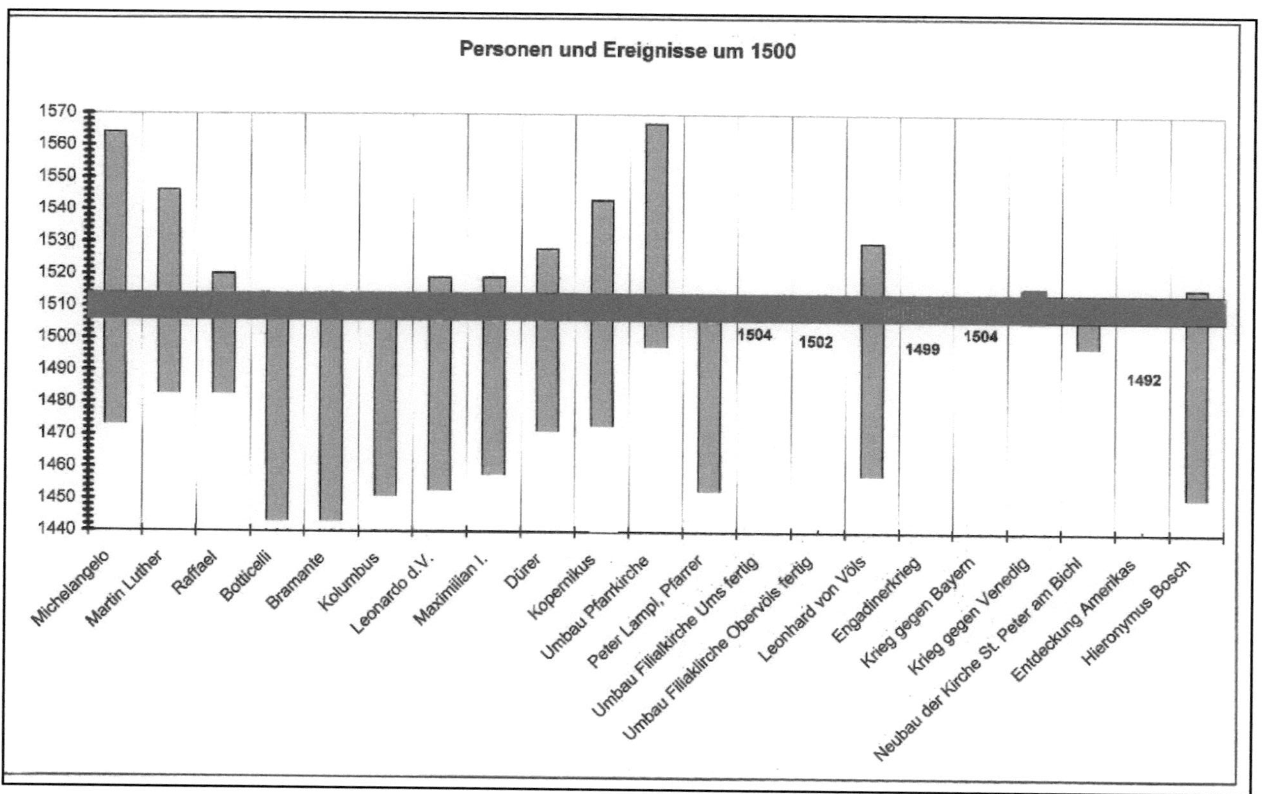

Personen und Ereignisse um 1500
1570
1560
1550
1540
1530
1520
1510
1500
1490
1480
1470
1460
1450
1440
Michelangelo
Martin Luther
Raffael
Botticelli
Bramante
Kolumbus
Leonardo d.V.
Maximilian I.
Dürer
Kopernikus
Umbau Pfarrkirche
Peter Lampl, Pfarrer
Umbau Filialkirche Ums fertig
Umbau Filialkirche Obervöls fertig
Leonhard von Völs
Engadinerkrieg
Krieg gegen Bayern
Krieg gegen Venedig
Neubau der Kirche St. Peter am Bichl
Entdeckung Amerikas
Hieronymus Bosch
1504
1502
1499
1504
1492

Europa um 1500

Die Zeit

Klima – Vegetation –- Wirtschaft - Hauswirtschaft

ie hat man sich unser Völs vor fünfhundert Jahren vorzustellen? Man müsste den Schlern fragen können, dessen charakteristische Skyline die Jahrhunderte kommen und gehen sah. Die klimatischen Verhältnisse waren noch etwas günstiger,

Tendenz: Verschlechterung in Richtung einer „Kleinen Eiszeit", aber noch konnte in einem breiten Gürtel von St. Konstantin über Völs, Völser Ried, Ums und Prösels bis nach Aicha Weinanbau betrieben werden, den Neustifter Chorherren, denen einige Weinhöfe zu Eigen waren, zur Freude. Föhren (Kiefern) gab es auch schon damals, Flaumeichen und so weiter. Fichten waren allerdings zur damaligen Zeit eher wenige zu finden, es standen mehr Tannen in der Landschaft herum. Die Fichten hat 250 Jahre später die österreichische Regentin Maria Theresia lanciert, weil sie schneller wachsen und ihr Holz unter anderem für die österreichische Marine (Sie lachen? Die gab es aber wirklich!) verwendet wurde. Insgesamt bestand in der damaligen Zeit ein hoher Holzbedarf (zum Bauen, für die Metallverhüttung usw.).

Die gerodeten Flächen waren kleiner, die Böden noch nicht „melioriert", also ruppiger, das die heutige Landschaft prägende landwirtschaftliche Grün noch weniger großflächig. Einzelrodungen gab es in der Nähe der Hofstätten, gemeinsame Rodung an den unteren Hängen. Das Vieh wurde zusätzlich in die Wälder getrieben, was zu Schäden an Jungbäumen führte. Almrechte und das eigene Wiesenland scheinen für die Viehzucht nicht ausreichend gewesen zu sein. Man suchte Wiesen in den Nachbargemeinden, einige Höfe erwarben Weideflächen zum Teil mit Dille auf der Seiser Alm. Völser Bauern besaßen aber auch Weiden in Gummer, Tiers, Karneid, Fassa.

Eigenwald besaßen nur die Herrschaften und die Geistlichkeit, denen die Jagd vorbehalten war. In Blumau gab es einen Fischmeister. Flussfisch stand entsprechend den zahlreichen kirchlichen Fastenzeiten häufiger auf

dem Speisezettel als heute.

Die Grünlandwirtschaft nahm also einen kleineren Teil des bearbeiteten Bodens ein. Es wurden Kühe gehalten, aber auch Ziegen, Schweine, vereinzelt Ochsen als Zugtiere und „Fleischlieferanten". Der eine oder andere besaß ein Maultier oder einen Esel zum Transport der Lasten, Pferde waren dem Adel vorbehalten. Überall scharrten Hühner, da und dort wurden auch Gänse gehalten. Um Martini fielen diese nicht der Vogelgrippe zum Opfer, sondern den Herren und Frauen Gutsbesitzern. Getreide wurde angebaut, Hirse (Hirsch), Roggen, Hafer, Gerste, „Längs- und Herbstweizen" (wie in den Urbaren angeführt) und als Nachfrucht der rosa blühende Schwarzplenten (Buchweizen). Einzelne Obstbäume gliederten das Landschaftsbild, Äpfel, Birnen, Mandeln, und Nüsse gab es da und dort. An südlichen Hängen gedieh wie heute die Kastanie, deren Früchte auch damals „Keschtn" genannt wurden und als „Fille" (Füllung von Süßspeisen), aber auch als „Armeleutebrot" von überlebenswichtiger Bedeutung waren.

Wer auf Süßes stand, griff (vorsichtig) zur Bienenwabe. Rübenzucker gab es zwar, er war aber schwer erhältlich und teuer. Auf Mais, Tomaten, Paprika (Peperoni), Kürbisse musste der damalige Haushalt verzichten, während Reis und eine Art Pizza zumindest Reisenden aus Norditalien bekannt waren. Auch Baumwolle gab es bei uns noch nicht; Kleider und Wäsche wurden aus Schafwolle hergestellt, aus Tierhaut oder aus Leinen. Den Kaffee haben angeblich die Türken unfreiwillig bei ihrem fluchtartigen Abzug vor Wien 1683 hinterlassen; der Kakao, etwas später in den barocken Salons trendiges Modegetränk, kam wie so vieles andere aus der Neuen Welt. Brot wurde zumeist zweimal im Jahr gebacken, und das luftgetrocknete Fladenbrot („Völserbreatln", „Schüttelbrot") wurde vor dem Verzehr eingeweicht; mit den Zähnen stand es nämlich nicht zum Besten und Zahnausfall bereits in jungen Jahren mit den entsprechenden Lücken üblich (siehe den Abschnitt *Gesundheit – Krankheit – Hygiene* weiter unten). Überhaupt war die Nahrung „milchbetont" und als Getreidebrei mit Beifügung von Wurzelgemüse zumeist von breiiger Konsistenz. Fleisch gab es nur zu besonderen kirchlichen Anlässen; aus Gründen seiner beschränkten Haltbarkeit wurde es, falls nicht durch Lufttrocknung, Selchen oder „Suren" (Pökeln) konserviert, mit scharfen Gewürzen irgendwie genießbar gemacht. Getrunken wurden vor allem Wasser, aber auch „Leps" (mit Wasser gestreckter Wein) und Most.

Häuser – Wege und Stege

Die Häuser hatten sozusagen einen größeren Holzanteil und waren in der Regel mit Stroh gedeckt, außer aus Sicherheitsgründen (Brandgefahr) in den Ortskernen. Natürlich gibt es heute viel mehr Häuser, diese Entwicklung ist aber keine hundert Jahre alt. Aber man zählte vor einem halben Jahrtausend im Völser Gericht immerhin bei dreihundert Wohneinheiten.

Die Wege waren staubig oder schlammig, je nach Witterung. Keine Lichterkette flankierte das Sträßchen Richtung Völser Aicha oder erhellte den Dorfplatz, schon gar nicht die Stuben der einzelnen Höfe. Elektrisches Licht gibt es bei uns erst seit den 20er Jahren des zwanzigsten Jahrhunderts. Überhaupt war das Mittelalter – aber auch die beginnende Neuzeit – eine, wie wir wissen, buchstäblich dunkle Zeit im optischen wie mentalen Sinn. Am Abend spendeten Holzspäne dürftiges rußiges Licht. Kerzen aus Bienenwachs waren kostbar und wurden zu besonderen Anlässen oder im kultischen Zusammenhang (Taufe, Beerdigung usw.) verwendet. Das Feuer ließ man nicht ausgehen, es gloste Tag und Nacht in der Feuerstelle, bereit, bei Bedarf zu hell flackerndem Leben erweckt zu werden. Man besaß zwei Kleider, ein Werktagsgewand und ein Sonntagsgewand, und man ging davon aus, dass sie das ganze Leben hielten. Die heutige „Wohlstandsfülle" war damals noch kein Thema, mithin passte der Zuschnitt auch noch nach einigen Jahrzehnten. Recht alt wurde man ohnehin nicht.

Im Mittelalter, in der beginnenden Neuzeit, trug man eine Kopfbedeckung, zwingend! Haare galten als „sensible Zone", als verboten, erotisch, pfui. Was glauben Sie, warum die als Hexen inhaftierten Frauen mit lüsternem Interesse seitens der Kerkerknechte einer peniblen Leibesvisitation unterzogen wurden, bei der vor allem die haarigen Körperregionen untersucht und rasiert worden sind? Weil sich der Teufel angeblich mit Vorliebe im mysteriösen Areal der Schambehaarung einnistete... Wie praktisch für die Lüstlinge unter den Gerichtsdienern, dass die Klientel mehrheitlich weiblich war. In Tirol, darf gesagt werden, wurde in dieser Hinsicht etwas zurückhaltender verfahren als beispielsweise in Norditalien oder in der Schweiz.

Gesundheit – Krankheit - Hygiene

Die gesundheitliche Versorgung besorgten Hebammen und volksmedizinisch kundige Frauen, ein Umstand, der ihnen spätestens seitdem die Absolventen der medizinischen Fakultäten anfingen, das Heil-

monopol für sich zu beanspruchen, zum Verhängnis werden wird. In besseren Tagen war da, auch in Völs, ein „Bader", das männliche Pendant zur Hebamme. Aber auch Reliquien und Talismane wurden bemüht und konnten hysterische, psychisch bedingte Leiden mit der Kraft der Suggestion womöglich sogar heilen. Die hygienischen Verhältnisse waren vermutlich katastrophal, auch weil Zusammenhänge zwischen Reinlichkeit und Krankheit nicht bekannt waren. Mangelernährung förderte infektiöse Krankheiten, das Immunsystem war chronisch geschwächt, Kinderkrankheiten endeten oft tödlich (auch dieser Umstand wurde „Hexen" angelastet). Wurmerkrankungen plagten viele Menschen, und bedingt durch die mangelhafte Hygiene wurden sie auf die Familienmitglieder übertragen genauso wie Filz- und Kopfläuse. Frauen konnten den durch die Monatsblutung verursachten Eisenmangel kaum ausgleichen. Kalziummangel führte zu Knochendeformationen. Ungeziefer grassierte in diesem nach heutigen Maßstäben unappetitlichem Milieu allerorten, Flöhe transportierten hüpfenderweise Krankheitserreger über Ratten zu den Menschen. Pestwellen suchten regelmäßig unsere Vorfahren heim, einige Jahrzehnte nach den Völser Hexenprozessen im gesamten Europa mit der Folge einer katastrophalen Ausweitung der Hexenverfolgungen. Es gab aber auch Tuberkulose, Lepra, Pocken, und von solchen Krankheiten Gezeichnete gehörten zum Alltag und erregten trotz ihres entstellten Aussehens keine übermäßige Beachtung. Man sah in der Erkrankung eine göttliche Strafverfügung oder Prüfung. Zahnschmerzen und Zahnausfall befielen unsere Vorfahren schon in verhältnismäßig jungen Jahren. Die Zähne wurden mit faserigen Hölzchen notdürftig gereinigt. Mundgeruch wurde mit Nelkenwasser oder anderen aromatischen Absuden neutralisiert. (Kriegs-)Versehrte bewegten sich auf selbstgefertigten Prothesen und Gehhilfen fort und bet-

telten um Almosen. Infolge der Inzucht (Gendefekte), von Syphilis (Syphilis cerebrospinalis), Hepatitis B und anderen Krankheiten gab es eine beträchtliche Anzahl von geistig und körperlich Behinderten.

Besonders verbreitet war auch das Antoniusfieber (Ergotismus), eine Lebensmittelvergiftung durch das so genannte Mutterkorn, das Roggengetreide befallen kann: Durch die einsetzende Klimaverschlechterung wurde immer mehr Roggen angebaut, da dieser robuster als Weizen ist. Dadurch kam es in schlechten Erntejahren, in denen aus Not alles Korn unbesehen vermahlen wurde, zu Mutterkornerkrankung mit Fieberschüben, Delirium, Halluzinationen. Wenn wir schockiert oder kopfschüttelnd, je nachdem, die Palette an magischen Vorstellungen und Phantasiegeburten jener Zeit bestaunen, sollten wir vielleicht auch an diese gerade in kargen Zeiten

weit verbreitete Wirkung des Mutterkorns denken, die gepaart mit vor-
christlichem Glaubensgut eine völlig andere Sicht der Welt bewirkt haben mag. - Gute alte Zeit?

Familie – soziale Kontrolle - Nachbarschaft

Man ging zu Fuß, zumeist barfuß, bei gewissen Arbeiten wurden
Holzschuhe getragen. Die Familie lebte als Großfamilie zusammen, man
schlief „kreuz und quer", in der kalten Jahreszeit eng beieinander und
im damals weit verbreiteten Einhof in unmittelbarer Nähe des Viehs.
Man verbreitete ein entsprechendes Aroma. Vermutlich kam es immer
wieder zu Fällen von Inzest. *An kalten verschneiten Winterabenden,
wenn alle nach dem Mus in der Stube beisammen saßen, erzählte die
Großmutter vielleicht eine Geschichte von Hexen, Unholden und un-
heimlichen Geisterwesen, die in den Raunächten und an Quatember-
abenden ihr Unwesen treiben. Einen jeden, der nicht durch göttlichen
Schutz gesegnet ist, nehmen sie mit sich „in die Fahrt" (in der Urgicht
der Anna Mioler kommt eine entsprechende Aussage vor). Die Kinder
ziehen die Beine hoch und kuscheln sich schaudernd aneinander. Das
zerfurchte Gesicht der Großmutter flackert im rötlichen Schein der verdämmernden Glut. Draußen hört man das lang gezogene Heulen eines
Wolfes, weitere fallen ein, ein schauriger Chor. Etwas – jemand? – streift
ums Haus, eine Holzstange fällt um. Das Knirschen eines Balkens, ein
Knacken in der Diele, der Kienspan flackert rötlich und schickt schwarzen
Qualm zur Decke; die Großmutter wendet sich ab, bekreuzigt sich hastig
und kommt zur Erleichterung aller auf ihren Kräutergarten zu sprechen.*
Ein in unserem Zusammenhang bedeutsames Schlüsselphänomen
war **die intensive soziale Kontrolle**, ein mächtiger Schutzraum und ein
erbarmungsloser Schraubstock zugleich, dem niemand entging. Jeder
wusste vom anderen, er kannte den Besitzstand bis ins kleinste Detail,
wusste um erbliche Belastungen und um gesundheitliche Anfälligkeiten.
Man wusste um die Verpflichtungen dem Grundherrn gegenüber, man
stand gemeinsam im Schlosshof oder beim Maierhof und zählte unter
den Augen aller die Eier und die anderen Abgaben ab. Wehe, wenn die-

ses fest gefügte gesellschaftliche Puzzle durch unerklärliche Witterungsschläge, Unglücks- oder Todesfälle ins Ungleichgewicht geriet! Misstrauen, Neid, Hass und über Generationen tradierte Feindschaften und Allianzen summierten sich zu einer tödlichen kollektiven Welle, schossen sich auf ein Mitglied der Gemeinschaft ein.

Umgekehrt mag **Nachbarschaftshilfe** ein tragendes Element zur gegenseitigen Stützung und Versorgung gewesen sein in einer Zeit, als es noch keine Altersvorsorge von Amts wegen gab (*in den Regesten wird immer wieder berichtet, wie der Adel Bettlern, Bedürftigen, Verwachsenen, in Not Geratenen, Kriegsversehrten und Kriegswitwen „aus Gnade" einen oder zwei Gulden reicht*). Die Altersversorgung wurde nicht zuletzt durch die leiblichen Kinder garantiert, und Nachwuchs bzw. dessen Überleben war in diesem Sinne in doppelter Hinsicht von existentieller Bedeutung. Das in den „Geständnissen" der Völser Frauen in teilweise recht makabrer Ausführlichkeit geschilderte Töten und Verzehren von Kindern ist auch im Lichte dieser Tatsache zu sehen. Dieses war ein mehrfaches Verbrechen: Das rituelle Schlachten bzw. Schächten umfasste den Tatbestand des vorsätzlichen Mordes zusammen mit den okkulten Tatumständen; dazu kam der Entzug der elterlichen Altersversicherung, wodurch neben dem individuellen und familiären Schaden auch einer am Gemeinwesen (Erhaltungspflicht durch die Armenkasse) entstand.

Der Grundherr

Tirol war in Gerichte eingeteilt, in Niedergerichte mit „niederer Gerichtsbarkeit", die die kleinen Straftaten ahndete wie im Gericht Schenkenberg, und in Landgerichte oder „Malefizgerichte", die über einen Landrichter für die Ausübung der Blutgerichtsbarkeit für schwere Vergehen zuständig waren, wie dies in Kastelruth und in Völs der Fall war. Eine untere Verwaltungseinheit bildeten die Malgreien, wobei eine Malgrei eine Ansammlung von Höfen und Häusern war, die über einen Kirchsteig an eine Kirche angebunden waren.

Man hat gehört, dass der Herr (Leonhard) nun auch die Pfarrkirche umbauen will. Die Frau (Katharina von Firmian) drängt ihn dazu, die verfallende Kirche auf dem Bichl (Peterbühl) über der heidnischen Ruine zu erneuern. Die Bauleute fürchten eine Erhöhung von Robot oder Abgaben, manch einer hofft aber auch auf eine „Tagschicht" (Tagelöhnerarbeit) und auf einen Ablass anlässlich der Einsegnung. Bald ist wieder Quatember und die Abgaben sind fällig.

Ab und zu kommen ein paar versprengte Landsknechte des Weges, ein fahrender Händler, oder es rumpelt ein Karren über den erst vor wenigen Jahrzehnten ausgebauten Kuntersweg. Der Fuhrmann hält auf eine Marende, bindet das Maultier an einen Pfosten und erzählt das Neuste vom fernen Kastelruth, von Breien oder gar von Bozen, wo er einmal auf der Messe gewesen ist.

Wo immer möglich, wird die Wasserkraft für die Holzverarbeitung, also zum Sägen, als Mühle und zum Hämmern des Eisens in den Schmieden benutzt. Am Völser- und Schlernbach ist die Gerichtsherrschaft mit Bestandsbetrieben beteiligt (Hofmühle, Hofschmitten…). Leonhard der Völser sammelt das Wasser zu einem Mühlbach und lässt als Fischweiher für die Herrschaften Wasserbehälter, Weiher, anlegen: oberhalb von Zimmerlehen und beim Schloss. Wenn Sie im Völser Weiher baden: Wem haben Sie dieses nasse Vergnügen zu verdanken?

Seit 1517 gab es die nigelnagelneue Wasserleitung von Tuff durch Ober- und Untervöls herab auf den Dorfplatz. Auch ein Werk des Völsers (nun, er hat ein bisschen Hilfe beim Graben gehabt…) Dass er durch die Wiesen und Felder der Bauleute „gefahren" ist und diese auch noch beim Graben roboten mussten: Schwamm darüber. Das Wasser auf dem Dorfplatz ist (aus Leonhards Sicht) die Sache wert.

Der Herr hält sich selten im Gericht auf, meist ist er auf Schloss Tirol in Meran, seinem Amtssitz, beim Landesherrn und König oder auf irgendeinem Kriegszug. Krieg gibt es immer. Gerade kämpft er als Feldhauptmann gegen die Republik Venedig. Vor ein paar Jahren sind ein paar Völser Knechte im Vinschgau gewesen und haben sich mit den Schweizern geschlagen. Ein draufgängerisches Volk! Die rauen Kerle verstehen mit ihren Hellebarden umzugehen und haben dem König eine herbe Niederlage nach der anderen bereitet. Aber ihr Käse, der ist Spitzenklasse!

König und Kaiser Maximilian I.

Ab und zu kommt es mit Halali und Holladio (ein Tiroler Jubelruf) daher, das königliche –, halt: seit neustem muss gesagt werden: das kaiserliche – Gefolge! Ganz Völs ist auf den Beinen und darüber hinaus alle umliegenden Gerichte und Burgen. Fremdes Volk mischt sich unter die Einheimischen, ein jeder versucht, einen Blick auf den farbenprächtigen Zug zu erwischen. Zum Jagen ist der Herr nach Völs gekommen und im Schloss geht es lustig zu bis tief in die Nacht. Es schaut aus, als ob es brenne, Schloss Prösels, lichterloh, und beim Schantl heult der Hund die ganze Nacht. Am nächsten Tag heißt es treiben, jeder Baumann, der einen Hund hat, ist angehalten, ihn an einer Leine mitzuführen. Wer keinen besitzt, finde sich mit Blechgeräten zum Treiben ein. Die auf die Jagd abgerichtete kaiserliche Hundemeute – es gibt Spezialisten für Gämsen-, Rotwild- und Bärenjagd – gibt mit aristokratischem Gebell den Ton an, und mit Geklapper und Getöse geht es zur Treibjagd gegen den Tschafon hinauf bis zur Verwandtschaft auf Völsegg. Der Kaiser, ein begeisterter, ja fanatischer Waidmann, versteht sich auf die Falkenjagd und man sagt, er gebe ein Vermögen dafür aus (im Jahr 1500 waren es, wenn ich richtig zusammengerechnet habe, 6114 Gulden rheinisch, eine astronomische Summe, wenn wir uns daran erinnern, dass ein durchschnittliches Jahresgehalt bei etwa 25 Gulden lag!)

Eine andere, in dieser Zeit der frühen Neuzeit nur mehr als exotisch zu bezeichnende Leidenschaft betrifft das ritterliche Kampfspiel, das Turnier: Jeden, den Maximilian Kraft seiner königlichen und kaiserlichen Autorität irgendwie unter Druck setzen kann, nötigt er zu einem zünftigen Tjost à la Hochmittelalter. Und der als „letzter Ritter" titulierte Maximilian gewinnt alles zu Fetzen. Sie kämpfen *„im ganzen Harnisch, als wenn sie einen Feldstreit führten; wenn sie trafen, fielen viele Stücke von ihnen"*, schreibt ein Augenzeuge über einen ritterlichen Wettkampf des Kaisers mit dem Herzog von Sachsen in seinem Tagebuch (Regesten, 6. Juli 1500).

Hat er – oder hat er nicht? Das Fresko auf der Wand im Innenhof des Schlosses über der Loggia zeigt ein Turnier mit Habsburger Beteiligung. Ein echtes Völser Turnier? Es war wohl eher ein ritterliches Armdrücken, das im spätgotischen Fresko kampfsportlich hochstilisiert wurde. Gewünscht hätte er es sich aber ganz bestimmt, der Parvenü, der Völser. Ein Turnier mit seinem Kaiser! Aber eins scheint gesichert: Dass der Habsburger seinen Völser Haudegen zum Ritter geschlagen hat - was das im fortgeschrittenen Alter des Zeitlaufs auch immer bedeuten mochte. Maximilian beschwor mit seinen teuren Falken und seinem Turniertick noch einmal das Mittelalter, das, wie man sagt, erst mit ihm, als er 1519 starb, zu Ende ging und nicht, wie viele glauben, mit der Entdeckung Amerikas 1492...

Die neue Zeit

Auch der „gemeine Mann" spürte zur damaligen Zeit, mehr atmosphärisch als im Kopf, dass etwas in der Luft lag: Eine Unruhe, die er nicht beschreiben, die er sich nicht erklären konnte. Es hatte mit dem Heiligen Jahr angefangen, nein, schon vorher. Man hörte von Fahrenden seltsame Nachrichten von einem neuen Land, in dem skurrile Kreaturen leben, die anstatt Haare Federn trügen und splitternackt ohne einen Fetzen am Leib einhergingen. Manchmal hielt er inne, der Baumann, wenn er bei Sonnenuntergang mit seinem Maultier nach Hause zockelte, und betrachtete nachdenklich den roten Ball der Sonne, der sich anschickte, in einem feurigen Szenario hinter dem Ritten abzusinken. Konnte das sein, was man munkeln hörte, dass die Sonne still stehe und dass wir es sind, die sich um sie herumdrehen? Pfarrer Lampl warnt eindringlich vor solchen Gedanken, die die Autorität der Bibel in Frage stellen und bezeichnete sie als Todsünde und als Beweis, dass die Hexensekte sich immer weiter verbreitete, oh ja, auch im Völser Gericht! Abgesehen davon verstehe es sich ja von selbst, dass man in einem solchen Falle pausenlos schwindelig wäre. Sich um sich selber dre-

hen, Tag und Nacht, wer so etwas glaubt!

Dann hörte man bei der Predigt, der Papst würde eine neue, eine gewaltige Kirche bauen lassen, in der die gesamte Christenheit Platz fände wie unter dem ausgebreiteten Mantel der Gottesmutter. Die Knochen der Heiligen Petrus und Paulus lägen derweil schutzlos unter freiem Himmel, Wind und Wetter, Wölfen und wilden Hunden preisgegeben. Jeder Christenmensch solle einen Ablass kaufen und so mithelfen, diesen unglaublichen, diesen schändlichen Zustand zu beseitigen. Schon mit einem einzigen preisgünstigen Ablass könne er die Seelen seiner Angehörigen, die im Fegefeuer schmoren, in den Himmel holen, eine nach der anderen. Im Dutzend kämen die Ablässe billiger und ab dem zweiten Dutzend gäbe es sogar einen Mengenrabatt von 50%!

Und eine weitere schreckliche Nachricht wurde von Vikar Jorg, dem vielgereisten, berichtet:

Die türkischen Heiden würden sich anschicken, das christliche Abendland zu überrennen! Sie hätten mit ihren Schiffen das große Meer besetzt und befänden sich auf dem Vormarsch gegen Wien. Die Venezianer hätten sich mit ihnen zusammen getan, womöglich auch der König von Frankreich. Was sind das nur für Zeiten!

Der Buchdruck ist erfunden. Es gibt nun nicht mehr nur Spielkarten, sondern auch richtige Bilder und ganze Bücher, das glauben Sie nicht? zu einem durchaus erschwinglichen Preis. Lesen müsste man können! Es soll sogar eine deutsche Bibel geben, ein Bibel für jedermann.

Die Hexensekte auf dem Vormarsch

Vikar Teininger hat bei der Frühmesse letzten Sonntag eindringlich vor der „neu erstarkten Hexensekte" gewarnt. Das Reich des Satans breite sich stetig aus und drohe die gesamte Christenheit zu verschlingen. Man solle sich vorsehen und das Haus am Abend nicht ohne einen geweihten Rosenkranz verlassen. Wer etwas wisse oder etwas Verdächtiges beobachte, sei bei seinem Seelenheil verpflichtet, Meldung zu erstatten. Man solle die Angelegenheit nicht auf die leichte Schulter nehmen! Ihm selbst seien einige Fälle bekannt, wo -.

Der Pfarrer hat verlauten lassen, im Fleimstal sei man fündig geworden, der Bischof, Ulrich von Trient, habe in Cavalese eine Hexenverschwörung aufgedeckt. An die dreißig Unholdinnen und Zauberer seien verurteilt und gerichtet worden! Auch Herr Leonhard und Frau Katharina empfehlen, die Augen offen zu halten und Verdächtige ohne falsche

Rücksichtnahme unverzüglich anzuzeigen. Ein Verwandter der Schloss-herrin, Vigil von Firmian, sei als Hauptmann mit der Inhaftierung und Hinrichtung der Hexenbrut betraut worden und habe ihr, der Herrin, von entsetzlichen Schandtaten berichtet:

- *Das Verzehren von Kindern (das gestehen alle Völserinnen*),*
- *das Ausfahren mit dem Teufel (ebenfalls alle),*
- *Teufelsbuhlschaft (Anna Jobst, Anna Mioler),*
- *das Austauschen eines Kinderherzens mit einem Herzen aus Stroh (Geständnis der Anna Oberharder),*
- *Vernichtung der Ernte (fast alle),*
- *das Zusammensetzen der Knochen des Kindes (Geständnis der Juliana Winkler) und so weiter und so fort.*

**In Klammern sind die von den Völser Frauen unter der Folter be-kannten Verbrechen angeführt. Man erkennt unschwer die Parallelen. Zufall? Diese Fleimstaler Schuldbekenntnisse wiederholen sich so exakt in den Geständnissen der Völser Frauen, dass man richtiggehend von" Plagiat" sprechen muss!*

Und weiter:

Man brauche keine Angst zu haben Namen zu nennen, tönte es von der Kanzel (es war noch die alte, nicht die vergoldete mit den nackigen En-gelchen), diese würden den „Besagten" (Angeschuldigten) gemäß den Sonderbestimmungen des Ketzereiverfahrens nicht bekannt gegeben. Die Angelegenheit sei den Herrschaften ein großes Anliegen, Herr Leon-hard wolle seine Gerichtsgemeinde von der Hexenpest befreien und er-warte, dass man ihn dabei mit allen Kräften unterstütze.
Ein Raunen erfüllt den Dämmer der Kirchenhalle; Blicke werden gewech-selt und finden rasch ein Ziel.
Die Dürre im vergangenen Jahr, die ständigen „Wetter" im Herbst, die entsetzlichen Heuschrecken das Jahr zuvor – Machenschaften der ver-dammten Hexenbrut?

Wenn man von der Hexenbrut sprach, dachte man an Frauen. Die Hexe, wie sie in den damaligen Köpfen herumspukte, war ein weibliches Wesen, gottlos, böse, verschlagen, zu jeder Schandtat bereit und mit dem Teufel und seinem höllischen Gefolge im Bund.

Um zu verstehen, wie gerade die Frau in den „Genuss" dieser ihr angedichteten „Qualitäten" kam, werden wir uns mit folgendem Thema näher befassen: dem Frauenbild.

Zunächst einmal müssen wir feststellen, dass wir alle ein Frauenbild haben. Aber auch ein Männerbild und so weiter. Unsere „innere Galerie" ist voll von Bildern, und das ist zunächst einmal verständlich. Die komplexe soziale Umwelt wird dadurch überschaubarer. Das Bildermachen ist also nachgerade ökonomisch für unseren Geist.

Schlimm wird es erst, wenn <u>die Bilder</u> unser Denken und Fühlen beherrschen, wenn wir sie nicht mehr überprüfen und gegebenenfalls auch revidieren. Wenn sie uns kontrollieren. So geschehen im Mittelalter, so geschieht es aber auch heute. Warum denn sonst werden Frauen immer noch ökonomisch, aber auch in anderen Zusammenhängen, benachteiligt?

Auch wenn wir die Bilder nicht selber erfunden haben, sind wir für dieses Bildermachen verantwortlich. Aber bringen Sie das einmal einem mittelalterlichen Bauern bei, der jeden Sonntag von der Kanzel herunter und bei der Standesunterweisung die wüstesten Tiraden gegen das weibliche Geschlecht zu hören bekam. Gehirnwäsche pur. Die Weltsicht, die Sicht der Dinge wurde damals nicht vom Fernsehen, vom Radio, von Gedrucktem, den Sozialen Medien, von der Schule beeinflusst und bestimmt; die Weltsicht war eine relativ zeitkonstante Melange aus überkommen und übernommen Glaubenssätzen und aus dem, was die Kirche als unumstößliche Wahrheit zum Besten gab. Die Kirche: Das waren Priester, die zum Teil durchaus gebildet und bibelfest waren, auch die klassischen Autoren und die berühmten Kirchenlehrer kannten, die gleich zu Wort kommen werden; das waren gebildete Humanisten, korrekt in der Gesinnung, streng im Lebenswandel, linear in ihren Ansichten und gnadenlos in ihrem Glauben. Andere, die „Leutepriester", waren aber vielfach nur notdürftig angelernt und entsprechend unbedarft. Es ist dieser „Schlag", den eine der Völser Verurteilten, Anna Mioler, meint: Sie berichtet, dass bei den Ausfahrten in Erfahrung gebracht werden könne, welche Priester betrunken seien oder bei ihrer Buhle lägen. Diese Priester würden, falls sie nicht beichteten, „liederlich in die Fahrt" kommen. Von der Bibel kannten diese kirchlichen Handlanger oft nur den Buchdeckel, was sie aber nicht daran hinderte, ihre persönliche Meinung, beispielsweise die zum Weiblichen, als Bibelweisheit zu verkaufen. Überprüfen konnte es ja keiner; man war der Kunst des Lesens nicht mächtig und schon gar nicht des Lateins. Man darf also die Rolle der Kirche überhaupt und ihre Wichtigkeit in Bezug

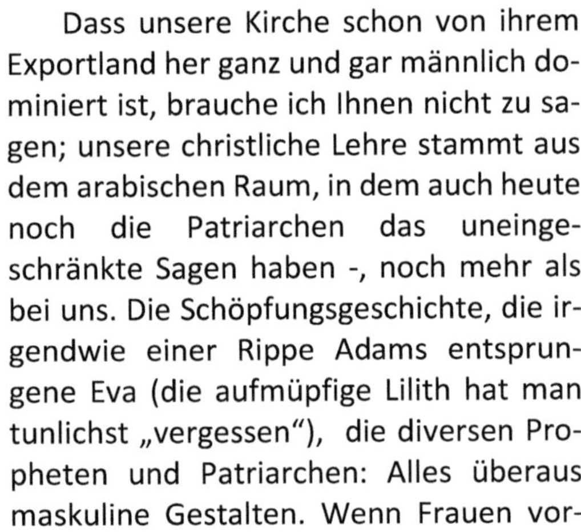

auf das Frauenbild nicht unterschätzen.

Dass unsere Kirche schon von ihrem Exportland her ganz und gar männlich dominiert ist, brauche ich Ihnen nicht zu sagen; unsere christliche Lehre stammt aus dem arabischen Raum, in dem auch heute noch die Patriarchen das uneingeschränkte Sagen haben -, noch mehr als bei uns. Die Schöpfungsgeschichte, die irgendwie einer Rippe Adams entsprungene Eva (die aufmüpfige Lilith hat man tunlichst „vergessen"), die diversen Propheten und Patriarchen: Alles überaus maskuline Gestalten. Wenn Frauen vorkommen, dann spielen sie eine Nebenrolle, sind mitunter durchaus lieb, treu und fürsorglich, in der Regel aber von bösartigem Wesen, verschlagen, sexbesessen und rachsüchtig.

Die Klassiker liefern Vorurteile

Die Kirche griff auf dieses geistige Erbe zurück; wir werden sehen, zu welch abstrusen Aussagen sich die Macher des „Hexenhammers" verstiegen. Man vereinnahmte aber dankbar auch eine andere „Schiene", die – man glaubt es kaum – von griechischen Autoren der klassischen Zeit stammt:

Soranus von Ephesus, 2. Jh. vor Chr., war der Meinung, die Frau sei von Natur aus krank und therapiebedürftig. Ähnlich der Philosoph Demokrit, der den Uterus, der im Körper der Frau gefährlich wandere, als Ursache von tausend Übeln sieht. Im hippokratischen Werk wird der Monatsfluss der Frau als eine Befreiung von schädlichen Säften beschrieben. Ihr Versiegen würde die innere Säftemischung störend aus dem Gleichgewicht bringen und könnte sogar tödliche Folgen haben, für sie selbst und für andere. *Diese Auffassung würde erklärbar machen, warum im Rahmen der Hexenverfolgungen im Normalfall ältere Frauen verfolgt wurden, Frauen jenseits der Menopause und demnach vollgepumpt mit diesen phantasierten tödlichen Säften.*

Kommen wir zum berühmten Aristoteles, dessen Werke jeder einigermaßen Gebildete, besonders aber die Kirchenlehrer, verinnerlicht hatten:

Im Buch „Über die Zeugung der Geschöpfe" (aus: Die Lehrschriften, Band VIII/3, Paderborn 1959) liest man zusammengefasst Folgendes:

Männlichkeit ist eine Quellkraft, eine Fähigkeit, Weiblich-sein hingegen ein Unvermögen. Der Same ist beseelt und enthält Atem- und Lebenskraft, während dasjenige, was gerinnt und Gestalt annimmt, der Rest der weiblichen Abscheidung ist. Das Männliche ist das Bewegende und Tätige, die schöpferische Kraft, das Weibliche das Leidende. Die Seele, repräsentiert durch den Mann, ist edel und göttlich, sie ist besser als der Leib, dessen Verkörperung die Frau darstellt. Die Frau ist ein Fehlgriff der Natur und ist dem mangelnden Durchsetzungsvermögen des Geistes zu verdanken. Das Kind hat seine Lebenskraft und Identität, sprich Form, einzig dem „Erzeuger" zu verdanken und es wächst, „aus sich selber, weil es selber schon etwas ist."

Das alte Höfegesetz widerspiegelt in seinem männlichen Vererbungsdiktat noch in etwa diese Auffassung, aber man hat es mittlerweile korrigiert (im beschwichtigenden politischen Jargon: angepasst).

Man könnte hier noch Dutzende Autoren zitieren, das brächte aber nichts, weil sie ohnehin alle dasselbe sagen: Der Mann ist geistig und gut, die Frau „körperlich" und schlecht.

Ich glaube, dass kaum jemand, auch nicht die Frauen, diese geschlechtsspezifischen Zerrbilder angezweifelt haben. Die Indoktrination war flächendeckend wirksam, und die eingepflanzten Vorurteile aus Antike und Bibel, angereichert mit markiger Abwertung seitens einiger Kirchenfürsten, haben ihre Spuren hinterlassen – bis heute, bis ins dritte Jahrtausend. Auch heute noch kämpfen Frauen um ihren Selbstwert, fühlen sich schuldig, übernehmen über Gebühr Verantwortung, die eigentlich andere tragen müssten. Manche Männer freut's (aber wir sind im Wandel begriffen...).

Das ist also das Frauenbild, mit dem der Durchschnittsmann – aber nicht weniger auch die Frau - vor einem halben Jahrtausend ihre Hütte dekorierten. Das damalige Frauenbild kann ein Schlüssel dazu sein, die Dynamik zu erhellen, die zu den fürchterlichen Ausschreitungen gegen Frauen im Zuge der Hexenverfolgungen geführt hat, auch wenn es nicht stimmt, dass ausschließlich Frauen verurteilt worden sind; es waren auch zunehmend mehr Männer darunter.

Soweit das klassische Erbe; kommen wir zur „Gegenwart", zur Zeit der angehenden Neuzeit. Hier sind es zwei Autoren, die Dominikanermönche Henricus Institoris (Heinrich Kramer) und Jakob Sprenger, die die Szene dominieren. Ihr abstruses Buch kam auf den Markt:

Der MALLEUS MALEFICARUM („Hexenhammer") ist eine Zusammenfas-sung der damaligen Volksmeinung über Frauen und fand wohl darum eine rasante Verbreitung, von der heutige Hexerei-Autoren wie Joanne K. Rowling nur träumen können (obwohl die sich auch nicht beklagen kann). Der „Malleus" wurde auch schon einmal als das „verabscheu-ungswürdigste Buch der Menschheitsgeschichte" bezeichnet. Es wird uns noch in einem anderen Zusammenhang beschäftigen, wurde sein dritter Teil doch zum „Prozessleitfaden", der bei den Hexenprozessen Anwendung fand. Hier untersuchen wir dieses Machwerk unter dem Gesichtspunkt der darin zum Besten gege-benen Äußerungen über das von Kramer und Sprenger phantasierte Wesen der Frau.

Zum Inhalt:

Die beiden Mönche - aber eigentlich ist es Kramer/Institoris – hegen, abgesehen vom angesprochenen abgrundtiefen Frau-enhass, einen besonderen Groll gegen Hebammen; die seien listige, äußerst ge-fährliche Verbrecherinnen, die mit den Dä-monen im Bunde stünden: *„Niemand schadet dem katholische Glauben mehr als die Hebammen. Denn wenn sie die Kinder nicht töten, dann tragen sie, gleich als wollten sie etwas besorgen, die Kinder aus der Kam-mer hinaus, und die in die Luft hebend, opfern sie dieselben den Dämo-nen."* Und nicht dass man glaube, es handle sich hierbei um Ausnah-men: *„Wie man aus Geständnissen erfahren hat, existiert kein Dörfchen, wo derartige sich nicht finden".* Weiter: *„Kraft göttlicher Zulassung sind Frauen den Einwirkungen des Teufels mehr ausgesetzt als Männer".* Die Frau *„sei dem Mann überlegen im Aberglauben, in der Rachsucht, in der Eitelkeit, in der Lügenhaftigkeit, in der Leidenschaft und in unersättlicher Sinnlichkeit (...) da das Weib von Natur aus schlecht ist."*

Auf Seite 97:

„Sie sind leichtgläubig. Der zweite Grund ist, weil sie von Natur wegen der Flüssigkeit ihrer Komplexion leichter zu beeinflussen sind (...) Der dritte Grund ist, dass ihre Zunge schlüpfrig ist, und sie das, was sie durch schlechte Kunst erfahren, ihren Genossinnen kaum verheimlichen können und sich heimlich, da sie keine Kräfte haben, leicht durch Hexenwerke zu rächen suchen“. Und die Autoren zitieren in Kapitel 8 die Bibel (Prediger 25): *„Mit einem Löwen oder Drachen zusammen zu sein wird besser sein als zu wohnen bei einem nichtsnutzigen Weibe. Gering ist alle Bosheit gegen die Bosheit des Weibes“.*

Weiter auf Seite 98:

„...sie sind in allen Kräften, der Seele wie des Leibes, mangelhaft.“ Zitiert wird Terentius: *„Die Weiber sind leichten Verstandes, fast wie Knaben“.* Das alles sei nicht verwunderlich, wenn man bedenke, dass es (das Weib) aus einer krummen Rippe geformt wurde, d.h. aus einer Brustrippe, die gekrümmt und gleichsam dem Mann entgegen geneigt ist. *„Aus diesem Mangel geht auch hervor, dass, da das Weib nur ein unvollkommenes Tier ist, es immer täuscht. (...) Das Wort femina nämlich kommt von fe und minus (fe = fides, Glaube, minus = weniger, also femina = die weniger Glauben hat). (...) Also schlecht ist das Weib von Natur, da es schneller am Glauben zweifelt, auch schneller den Glauben ableugnet, was die Grundlage für die Hexerei ist“.*
Dann zitieren die Autoren eine größere Anzahl ausgesuchter biblischer Frauen als Beleg für ihren pathologischen Frauenhass. Auch Sokrates wird bemüht, der mit seiner sprichwörtlich gewordenen Xanthippe wohl wirklich nichts zu lachen hatte (sie mit ihm vermutlich auch nicht). Ausführlich kommt Chrysostomos zu Wort: *„Es frommt nicht, zu heiraten. Was ist das Weib anders als die Feindin der Freundschaft, eine unentrinnbare Strafe, ein notwendiges Übel, eine natürliche Versuchung, ein wünschenswertes Unglück, eine häusliche Gefahr, ein ergötzlicher Schade, ein Mangel der Natur, mit schöner Farbe gemalt?“* Die Autoren setzen noch eins drauf: *„Suchen wir nach, so finden wir, dass fast alle Reiche der Erde durch die Weiber zerstört worden sind. (...) Daher ist es*

auch kein Wunder, wenn die Welt jetzt leidet unter der Boshaftigkeit der Weiber".

Ausdrücklich ausgenommen wird lediglich die Jungfrau Maria, die „hochgebenedeite Jungfrau", und auch einige wenige biblische Frauengestalten kommen vergleichsweise glimpflich davon.

Man könnte nun einwenden, es sei wenig sinnvoll, die pathologischen Äußerungen (gerade noch) mittelalterlicher Autoren hier in solcher Ausführlichkeit zu zitieren, es handle sich ja nur um die Ansichten zweier fehlgeleiteter Mönche. Leider ist dem nicht so: Der Hexenhammer, 1484 zum ersten Mal vorgelegt, ist eins der meistgelesenen Bücher der beginnenden Neuzeit. Bis 1500, also innerhalb von 16 Jahren, erreichte es 13 Auflagen, bis ins 17. Jh. waren es 29.
Die reißende Verbreitung dieses Machwerks wurde Auslöser der nun einsetzenden Verfolgungswelle, und in seinem dritten Teil *„Über die Arten der Ausrottung oder wenigstens Bestrafung durch die gebührende Gerechtigkeit vor dem geistlichen oder weltlichen Gericht"* zur verfahrensrechtlichen Grundlage auch der weltlichen Hexenprozesse.

So wird die lebensspendende und -erhaltende weibliche Kraft des Empfangens, Gebärens, Aufziehens, Pflegens in sein Gegenteil verkehrt, das Weibliche mit dem Schwachen, Haltlosen, Gierigen, Bösen, Verderblichen assoziiert. Die Frau wird verdächtigt, einen schädigenden Einfluss auf die Ernte, das Vieh, auf die Nahrungsmittel auszuüben.

Nun war die gesellschaftliche Grundlage geschaffen, flächendeckend gegen das *„Hexengeschmeiß"* vorzugehen.

Hatten diese – und andere – Männer etwa Angst vor dem Weiblichen?

Der geheimnisvolle Leib

Die Fähigkeit, Leben hervorzubringen, verlieh, verleiht dem Frauenleib eine besondere Macht, denn wer Leben hervorbringe, könne auch den Tod geben: *„Vermöge ihrer eigenen Periodizität und Fruchtbarkeit verkörpern die Frauen Mächte, deren Beistand das Dorf erwartet und fürchtet. Die Frauen begleiten die Übergänge des Lebens, den Eingang und den Ausgang, sie waschen die Neugeborenen und die Toten, sie pflegen die Kinder und die Kranken".* (Barbara Duden: Geschichte unter der Haut, S.56)

Von besonderer Bedeutung war die „Reproduktivität" der Frau in Zeiten, in denen die Bevölkerung durch Seuchen und Kriege schrumpfte, damit einhergehend auch die Anzahl der Arbeitskräfte und die bewirtschaftete Ackerfläche, was zu einem Rückgang des Lebensstandards führte. Argwöhnisch wurde wohl die Arbeit der Hebamme, die ohnedies durch kirchliche und zivile Disziplinierung ihre ehemalige Bedeutung eingebüßt hatte, verfolgt und es kam schnell zu Fehldeutungen, Überreaktionen und Unterstellungen, wenn einmal alle Kunst nicht helfen wollte und das Neugeborene oder die Mutter die Geburt nicht überlebten. Wir erinnern uns an die Aussagen im Hexenhammer, die nicht nur die Volksmeinung beeinflussten, sondern, umgekehrt, bestimmt auch die Volksmeinung widerspiegelten. Anders ließe sich die rasante Verbreitung dieses fatalen Machwerks nicht erklären.

Das Frauenbild; Zusammenfassung

Wir entdecken hinter den Schleiern der Jahrhunderte, ja Jahrtausende, eine völlig andere Wertung der Frau, die auf Grund der unleugbaren Tatsache ihrer Fähigkeit zu gebären im Kollektiv (Stamm, Dorf, Stadt) eine bedeutende Rolle einnahm und im übertragenen Sinn als Magna Mater, als „Große Mutter", mit Namen Kybele, Ischtar, Isis, Demeter, als keltische oder rätische Muttergottheit Verehrung erfuhr. Den Vater, ja den gibt's damals tatsächlich auch, aber seine Vaterschaft ist

wenig nachvollziehbar, der Zusammenhang zwischen Zeugen und Gebären möglicherweise von geringer Bedeutung. Hebammen unterstützen das Geschäft des Gebärens, sind eingeweiht in die Kräfte des Mon-
des und des zyklischen Kreislaufs, der Kräuter und Heilpraktiken und
wenden diese zum Nutzen der Frauen und der Kinder an. Die Gesell-
schaft schätzt ihre Dienste, sie weiß um ihre lebenserhaltende Funktion
für die Einzelnen und für das Kollektiv.

Und nun kommen die professionellen Denker, die alten griechischen
Philosophen, Sokrates, Platon, Aristoteles, um ein paar prominente zu
nennen, die nichts Besseres zu tun haben als darüber zu grübeln, wie
das Körperliche und das Geistige auseinanderzudividieren seien. Es ge-
lingt, und das Körperlich-Sinnliche und damit auch die Frau werden in
Grund und Boden philosophiert und ihrer Würde und ihres Wertes be-
raubt: Der Mann wird mit dem Geist gleichgesetzt, die Frau mit dem
(kläglichen) Rest.

Natürlich haben die alten Griechen mit ihren schöngeistigen Ab-
handlungen dem Tiroler Bauern und Handwerker des 15. Jahrhunderts
wenig zu bieten; er hat das Ladinische knapp hinter sich und muss erst
einmal das Deutsche sprechen, schreiben und lesen lernen, nicht zu reden von Latein, in dem damals alles Wichtige geschrieben war. Aber Autoren wie Sprenger (weniger) und Institoris (mehr) schafften es mit deren Hilfe, ein ohnehin bereits schief hängendes Frauenbild endgültig zu
kriminalisieren.

Unbeschadet blieb lediglich die hochgebenedeite Jungfrau Maria.

Die schrittweise Konstruktion des Phänomens „Hexe"

ie vorherigen Zeilen sollten uns einen Eindruck davon geben, wie Frauen vor einem halben Jahrtausend von kirchlicher Seite, aber auch darüber hinaus, gesehen worden sind: Als minderwertige Kreaturen mit erheblichem Wasseranteil, der die Einnistung von Dämonen erleichtert, beeinflussbar wie Kinder, mit schädlichen Säften angefüllt, die, wenn diese nicht periodisch entleert werden,

sie und andere vergiften. Sie seien von Natur aus verderbt und dem Bösen zugeneigt.

Es ist schon erstaunlich, dass diese Charaktermixtur, die wohl eher von der akademischen und klerikalen Schicht gebraut worden ist, von Männern, die sich mit den Kirchenlehrern und den klassischen Autoren auseinander setzten, im „gemeinen Volk" eine solche Verbreitung fand.

Es stellt sich nun die Aufgabe, den Prozess der Phase 2, der **Dämonisierung des Weiblichen**, nachzuvollziehen. Was ist eine Hexe? Wer hat - vor allem aus Frauen - potenzielle und faktische Hexen konstruiert? Mit welchen Methoden ging man vor? Wie war es möglich, dass daraus ein Massenphänomen werden konnte, das sich im Wesentlichen auf das Deutsche Reich beschränkte und regionale „Brennpunkte" (sic!) bildete? – Einer dieser unrühmlichen Brennpunkte war unser frühneuzeitliches Völs.

Wir haben es dem Arbeitskreis Interdisziplinäre Hexenforschung (AKIH) zu verdanken, dass die Hexenverfolgung in einem modernen Ansatz nicht mehr als isoliertes und als solches weitgehend unverständliches Phänomen aufgefasst wird; man versucht, diesen Problemkreis im Gesamtzusammenhang mit der Epoche des 16. bis 18. Jahrhunderts zu verstehen, die dieses Phänomen hervorgebracht hat. Dazu liefert die bisher in diesem Beitrag diskutierte Schiene des frühneuzeitlichen Frauenverständnisses sicher einen wesentlichen, wenn auch nicht den einzigen und ausschließlichen Beitrag. Die abgewertete Stellung der Frau macht diese zu einem bevorzugten Opfer (ca. 54% der Verfolgten waren Frauen), mag sein, aber wir dürfen nicht außer Acht lassen, dass auch Männer, wenn auch in etwas geringerem Ausmaß, als „Zauberer" Opfer der Hexenverfolgungen geworden sind – wir werden sehen: auch in Völs. Die Hexenverfolgungen waren „geschlechtsbezogen aber nicht geschlechtsspezifisch" (Christina Larner vom AKIH).

Zunächst aber zum Hintergrund: Der Volksglaube

Es gab eine in der Volkskultur verbreitete volkstümliche Zauberei- und Hexenvorstellung, und viele Bestandteile des Hexenglaubens dürften Allgemeingut kollektiven Denkens gewesen sein.

Die Bezeichnung „Hexe"

...wird in der Sprachforschung vom germanischen „hag" = Gehege, Hag, Zaun/Grenze abgeleitet, „zussa" wird als „Weib" interpretiert, manchmal aber auch als Verderberin. Eine „hagazussa" wäre demnach eine weibliche Person, die sich an der Grenze (der normalen zur außernatürlichen) Welt befindet und Schäden verursachen kann. Sie ist aber in der Lage, in beide Welten zu sehen, kann also auch in die Zukunft sehen, die Zeit beeinflussen, die „Anderwelt" besuchen. Ich habe ursprünglich mit diesem Begriff nichts anfangen können, bis mir plötzlich die „Zussl" in den Sinn gekommen ist, eine Bezeichnung für ein liederliches Weibsstück, die in unserer Mundart tatsächlich noch herumgeistert. Semantisch gibt es aber zwischen der Lautgestalt „hagazussa" und „Hexe" im ersten Moment wenig Verbindung, wenn auch eine lautliche Verschiebung und Ablautung von a zu e („haga" zu „hege") und schließlich „Hexe" sprachgeschichtlich vorstellbar ist. Womöglich ist der Begriff „Hexe" aber aus dem Griechischen HEX = sechs entlehnt (etwa in Verbindung mit der den „Hexen" nachgesagten Unzucht mit dem Teufel, die auf das sechste christliche Gebot hinweisen könnte). Wortverbindungen mit HEX sind vielfach negativ besetzt (Hexenschuss, Hexenbesen, Hexenei, Hexenmilch usw.)

Verschiedentlich benützen angeklagte Völser Frauen die Bezeichnung „Unholdinnen" synonym für den Begriff der Hexe (so Anna Oberharder). Diesem Begriff begegnen wir in lautlicher Abwandlung in der „Frau Holle" oder im Verb „huldigen", im Nomen „Huld" usw. und bedeutet wohl in etwa „Die, die außerhalb der Huld (des Grundherrn) steht".

Kollektiver Phantasiepool

...und soziale Mythen, Heimat der Hexen und Fabelwesen, sind seit jeher Ausgangspunkte und „Verdichtungen", die in Sagen und Märchen ihren Niederschlag finden. Sicher: Wir Heutigen sind weitab von den Lebenszusammenhängen und Umweltbedingungen unserer Ahnen; die Wälder haben, seit der letzte Wolf, der letzte Bär daraus verschwunden sind (die bärigen Besucher sind nun aber wieder da, und die Wölfe sondieren die Gegend), ihren Schrecken für Erwachsene wie für Kinder verloren und dienen vor allem zum Schwammlklauben. Das Knacken in der Dämmerung, ein nicht identifizierbarer Laut, ein „geisterhafter" Lichtschein mag jedoch auch in uns, die wir um viele Erklärungen von Naturerscheinungen wissen (müssten), noch immer ein gewisses Unbehagen auslösen. Wie viel stärker waren unsere alten Völser und Völserinnen den beängstigenden Auswirkungen fehlender Erklärbarkeit ausgesetzt! Die kleine, eng umgrenzte Welt unterm Schlern war voll von rätselhaften Begebenheiten. Das plötzliche Sterben eines Kindes warf Fragen nach dem Warum auf, man durchforschte sein Gewissen nach begangenen Sünden, die Gottes Strafgericht wie einen vernichtenden Felssturz ausgelöst haben könnten, viel mehr aber suchte man in einem auch heute noch bewährten Mechanismus, den man Projektion nennt, die Ursache allen Übels im Außen. Mangelndes Wissen wird durch Phantasie ersetzt, fehlende Verantwortungsübernahme durch Projektion. Hat da nicht just zu dem Zeitpunkt, als das Kind tot im Bettchen aufgefunden wurde, eine Krähe geschrien? Der Knecht hat einen Schatten vorüberhuschen sehen, die Nachbarin?, und dann man hat ein Brausen gehört, ein Raunen wie von vielen verhaltenen Stimmen.

Der Mechanismus der „Synchronizität"

Es ist wichtig zu verstehen, dass in diesem Zusammenhang das „Prinzip der Gleichzeitigkeit" als Erklärungshypothese verwendet worden ist: Zwei (unabhängige) Ereignisse, die zeitgleich passieren, werden in einem Wirkungszusammenhang gesehen. (Sie kennen das: Sie denken gerade an jemanden und der Betreffende - ruft an!). Dieses Prinzip war es wohl, das unter anderem verantwortlich gewesen sein dürfte für aus heutiger Sicht ungerechtfertigte Schuldzuweisungen, mithin für Anzeigen, „Besagungen" mit den bekannten fatalen, letalen! Folgen. Die Zeit unserer Vorfahren war aufgeladen mit magischen Elementen. Es war für sie eine Binsenweisheit, dass es Hexen gab, die in Haus, Hof und Flur Schaden anrichteten. In den Raunächten konnte man mitunter das

Gefolge der Unholden vorüberbrausen hören. Es war selbstverständlich, dass Tote Grenzsteinverrückungen zu berichtigen versuchten und unerlöste Seelen in Sümpfen oder auf Jöchern heulten.

„Unser Wissen" – „unser" Wissen?

Es sollte uns bewusst sein, dass das Meiste von dem, was wir heute als Wissen akzeptieren, von anderen, kurioserweise nicht zuletzt von Menschen der beginnenden Neuzeit, entdeckt worden ist. Wir Heutige bauen darauf auf, wir greifen auf Wissen zurück, das andere für uns bereitstellen. Wenige von uns verstehen das Prinzip des elektrischen Stroms, aber wir benutzen ihn durch Umlegen eines Lichtschalters. Und so ist es mit vielem. Es ist gut, unsere Arroganz den Altvorderen gegenüber abzulegen. Wenn wir Heutigen nicht im Fahrwasser einer naturwissenschaftlich ausgerichteten Denkweise schwimmen würden, würden die meisten von uns immer noch davon ausgehen, dass sich die Sonne um die Erde dreht. So nimmt man das nämlich tatsächlich auch wahr. Eines der letzten Refugien der alten Zeit stellen das Christkind und der Osterhase dar. Viele von uns haben die „Aufklärung" über das eigentliche Wesen des Osterhasen oder des Christkinds, den Abschied von der Welt der Magie, als schmerzlich erlebt. Wir können uns die Welt unserer Vorfahren vielleicht mit diesem Bild ein wenig verdeutlichen: Ihre Welterklärung war womöglich von ähnlicher Art – flächendeckend!

Der christliche Dualismus

Die andere Spur führt uns zu unseren religiösen Wurzeln. Wir sind uns wohl bewusst, dass die Völser/innen nicht seit jeher christlich-katholisch gewesen sind. Bevor christliche Missionare unser Hochplateau „eroberten", waren unsere Vorfahren nicht minder religiös. Nur anders. Mit der Christianisierung hielt eine neue spirituelle und philosophische

Grundausrichtung Einzug in unsere Weltsicht, die wegen ihrer Bedeutung im gegenständlichen Zusammenhang in Grund- und Auszügen erläutert werden soll.

Das dualistische Denken im christlichen Weltbild

Natürlich ist das duale (polare, zweigeteilte) Denken nicht eine Erfindung des Christentums, es liegt vielmehr in der menschlichen Natur begründet. Sichtbarer Ausdruck ist die zweigeschlechtliche Organisation des Fortpflanzungssystems in männlich-weiblich. Weitere polare Gegensatzpaare sind groß-klein, dick-dünn, gut-böse, heiß-kalt, gesund-krank, lebendig-tot, wachen-schlafen… (Sie dürfen gerne weitermachen…) Das Bewusstsein zerspaltet und zerlegt alles in Gegensatzpaare. Dabei ist nicht die Welt an sich polar, sondern unser Bewusstsein, durch welches wir die Welt erfahren. Aristoteles, der griechische Philosoph, den wir bereits bei der Konstruktion „unseres" Frauenbildes bemüht haben, hat kräftig mitgemischt und ist christlichen Religionstheoretikern auch in dieser Hinsicht Pate gestanden. Thomas von Aquin, den die beiden Autoren des „Hexenhammers" ununterbrochen zitieren, ist vom aristotelischen Dualismus beeinflusst und lässt diese Haltung in die Kirchenlehre einfließen.
Sind Sie noch da? Zu abstrakt?
Der Faktor der dualen Denkweise ist ein wichtiger Mosaikstein zum Verständnis der geistigen Haltung des ausgehenden christlichen Mittelalters, die hinter den Hexenverfolgungen steht. Und Sie wollen ja verstehen, worum es hierbei geht…

So, nun kommen die ersten Missionare und treiben uns Völser Heiden den Mithras, den Saturnus, die Minerva und alle anderen wie auch immer gearteten römischen, keltischen und rätischen Gottheiten aus, zu denen wir (unsere Vorfahren) bisher mehr oder weniger inbrünstig gebetet haben. Dass sie gebetet haben, ist anzunehmen: Auch sie konnten sich nicht erklären, warum ein Blitz gerade ihre Hütte erwischt hat und nicht die dafür weitaus geeignetere ihres nur wenige Klafter entfernten Nachbarn.

Gut und Böse

Mit der christlichen Lehre etablierte sich eine Art des Denkens, das das duale Prinzip perfektionierte: Zeigten die alten Götter noch in Gestalt und Wesen menschliche Eigenschaften, waren gut <u>und</u> böse, launisch und unberechenbar, zänkisch und großmütig, kam nun eine saubere Trennung zustande zwischen dem Teufel, dem gefallenen Engel, auf der einen und Gott auf der anderen Seite. Heere des Lichts, angeführt vom Erzengel Michael, zogen gegen die höllischen Heerscharen Luzifers zu Felde, um ihn in einer apokalyptischen Schlacht zu besiegen und in die Unterwelt zu verdonnern.

Auch topografisch machte sich diese Aufteilung in Gut und Böse bemerkbar: im Oben = Himmel und im Unten = Hölle. Die paradiesisch phantasierte Schöpfung auf der einen Seite, das durch die Ursünde daraus entstandene Jammertal auf der anderen führte zu einer Herabwürdigung der Erde, des Körpers, der Natur, der Frau (sie habe der Schlange den Golden Delicious abgenommen und an den unschuldigen Adam weitergereicht), der Sexualität und der Sinne. Auf diese Weise hat sich die Welt aufgespaltet in Gut und Böse mit den entsprechenden Protagonisten: Gott, die Heiligen und Maria auf der einen, der Teufel, die Hexen und Dämonen auf der anderen Seite.

Teufel und Hexe gegen Gott und Maria

Die Personifizierung der antagonistischen Gegensatzpaare „Hexe versus Maria" bzw. „Satan versus Gott" korrespondiert auf der persönlichen Ebene mit einem seelischen Spaltungs-, sagen wir ruhig: Abspaltungsprozess: Der Teufel personifiziert das Böse, er ist Projektionsfläche der negativen Impulse. Er ist das Person gewordene Unbewusste und Auffangbecken aller von der herrschenden Moral nicht erwünschten Gefühlsregungen und Lebensäußerungen wie Hass, Neid, Rachsucht, Wutausbrüche, Frohsinn und Ausgelassenheit, aber besonders natürlich Erotisches und Sexuelles.

Dass diese dualistisch ausgerichtete Weltsicht nicht das einzig mögliche philosophische Konzept innerhalb des katholischen Glaubens ist, beweisen westliche Mystiker wie Theresa von Avila und östliche Religionen und Philosophien.

Ohne diese Abspaltung des Diabolischen vom Göttlichen in der christlichen Religion wäre eine Hexenverfolgung massenhaften Zuschnitts wohl nicht denkbar gewesen. Das erklärt auch, warum sich dieses Phänomen auf das christliche Abendland beschränkt. Warum, das wird sich im weiteren Verlauf noch zeigen.

Geschichtlicher Abriss der Hexenverfolgungen

Seit es schriftliche Aufzeichnungen gibt, ist Angst vor dunklen Mächten und ihren Verbündeten dokumentiert. Im Codex Hammurabi, dem ältesten Gesetzestext überhaupt, wird die Schaden bringende Hexerei erwähnt ebenso wie im viel späteren römischen Zwölftafelgesetz. Apulejus von Madaura, 2. Jh. n. Chr., erwähnt sogar eine Flugsalbe. Die Bibel steuert ebenso das Ihre bei, und das nicht zu schmal: 1 Samuel 28, 3-25 erwähnt eine Hexe von Endor, und Exodus 22,17 gibt sogar die Anweisung, „Hexen nicht am Leben zu lassen". Auf diese Bibelstelle haben fanatische Hexenjäger besonders eifrig verwiesen. Und wer wagte es schon, gegen die Bibel aufzumucken? Augustinus (354-430 n. Chr.), der berühmte Kirchenlehrer, glaubte fest an die Existenz geflügelter Dämonen und Teufel, die während des Schlafs handverlesene Kandidaten heimsuchen und Herrschaft über ihre Gedanken übernähmen. Wetterzauber, der böse Blick, Verwandlungen in Tiere und die Behexung der Feldfrüchte wären die Folgen. Die Existenz von Hexen bezweifelte nicht einmal Martin Luther, ganz im Gegenteil, und auch nicht Friedrich von Spee, der aber vehement für eine Humanisierung der Hexereiprozesse eintrat. Es fällt auf, dass der Glaube an Hexenflüge, an Wettermacherei oder an Unzucht treibende nächtliche Dämonen bereits vor tausend Jahren unter der Bevölkerung grassierte, es gab aber nur sporadische Aburteilungen (1090 Volksjustiz an drei „Hexen" in Bayern). Zauberer, Giftmischer und Wettermacher wurden damals nach den geltenden kirchlichen Gesetzen noch relativ human mit einem Freiheitsentzug von wenigen Jahren abgestraft.

Zauberei = Häresie = Gotteslästerung = Hochverrat

In der Folgezeit übernahm die Kirche jedoch das Strafverfahren der römischen Kaiserzeit, wodurch sich die Strafen wesentlich verschärften.
Zusammen mit der Pflicht zur Denunziation (das heißt, das Volk musste
verdächtige Personen der Obrigkeit melden) und der Gleichsetzung der
Zauberei mit Häresie (Irrglauben, der gegen die katholische Lehre gerichtet ist) ergab sich ab dem 12. Jh. eine brisante Mischung aus Elementen des Volksglaubens, Anwendung römischen Rechts und Verleumdung, die im Bedarfsfall jederzeit als alles vernichtende Waffe eingesetzt werden konnte. Gegen Ende des 13. Jahrhunderts war der Aberglaube an Hexen, die durch die Lüfte fliegen, den Menschen allerlei
Schaden zufügen und sich zu Hexensabbaten treffen, bereits in ganz Europa verbreitet. Der hl. Thomas von Aquin (1225/26-1274) etwa war
von der Existenz männlicher und weiblicher Dämonen überzeugt, die in
der Nacht mit Menschen ihr Unwesen trieben – auch er ein bevorzugter
geistiger - , sagen wir: polemischer Pate der Oberhexenjäger Institoris
und Sprenger, der beiden bereits hinlänglich bekannten Autoren des
„Hexenhammers".

Das „Konstrukt Hexe"

Am Ende des Mittelalters war das System „Hexe" zu einem klar umris-
senen Täterprofil geronnen: Hexen und Zauberer hätten dem Christen-
tum abgeschworen und sich dem Teufel verschrieben (Teufelspakt). Sie
würden nicht mehr zu Gott beten, sondern zum Satan, der sich auch
darin gefiele, sich als ihren Gott auszugeben (als „König von Engelland",
siehe die Urgichten von Anna Jobst und Anna Mioler). Die Hingabe der
Hexen an den Teufel ginge sogar soweit, dass sie sich mit ihm sexuell
vereinigten! Die Folge dieses Hexenprofils war eine eskalierende Dämonisierung des Weiblichen: Frauen wurden etwa vom Franziskanerpater
Alvaro Pelayo als „Waffen des Teufels" bezeichnet. Sie seien gottlose

Wahrsagerinnen, würden sich der Zauberkünste bedienen, bei Männern Impotenz verursachen, mit Hilfe von Kräutern und Mixturen Unfruchtbarkeit herbeiführen, Kinder im Bett ersticken oder Ehebruch begehen. Alles da. Die Tiroler, sagen wir's, wie es ist beziehungsweise war: die Völser, brauchten also nichts weiter dazu zu erfinden. Sie brauchten nur „Kultur"-Import zu betreiben und munter drauflos mobben. Der gnädige Landesfürst mit Namen Leonhard lieferte die Logistik, das „Richterzimmer" im Schloss, das „gefanngkniss" im „Pulverturm" bzw. im Äußeren Rundturm, dem „Rundeli" (wie niedlich!), er entlohnte aus den Steuereinnahmen den Henker von Meran, finanzierte aus denselben Mitteln die Holzkästen und stellte den Verbrennungsplatz. Und er konnte sich rühmen, den ersten Hexenprozess auf deutschem Boden inszeniert zu haben (in Cavalese fand etwas vorher, 1501 bis 1505, der andere, „welsche", statt). Den Freund Maximilian, den Kaiser des Deutschen Reiches und römischen König, wird's keine Träne gekostet haben (sonst hätte er, der Völser, auch schleunigst davon abgesehen).

Rechtliche Grundlagen der Hexenprozesse

Im Mittelalter und auch noch in der frühen Neuzeit stellte „die Welt" für die Menschen ein unergründliches Geheimnis dar. Naturerscheinungen, persönliche wie gesellschaftliche Krisen und Unglücksfälle, Gewitter, Flutkatastrophen, Dürren, Schädlingsplagen, Pest, Albträume, Geisteskrankheiten schrieben sie dem Eingreifen Gottes, aber auch den Aktivitäten vorchristlicher Mächte zu. Feen und Elfen, Teufel und Dämonen, Gespenster und umherirrende Seelen standen in Konkurrenz zur christlichen Welterklärung und mischten sich in den kanonischen Weihrauchdunst, zum Leidwesen der kirchlichen Funktionsträger, die umsonst versuchten, diese unkontrollierbaren heidnischen Elemente auszumerzen. Zu dieser Vorstellungswelt gehört auch der Glaube an Zauberei. Es musste doch Mittel und Wege geben, mit der Geister-

welt in Kontakt zu treten genauso wie es die Priester auf ihre Art vermochten! Damals galten Zauberer, Wahrsager und Teufelsaustreiber trotz aller Scheu, die man ihnen entgegenbrachte, nicht von vornherein als verworfen. Man bediente sich ihrer Dienste genauso wie man in anderen Zusammenhängen die Dienste des Priesters in Anspruch nahm. Auch in der Zeit des Humanismus und der Renaissance, die hier zur Debatte steht, wurden an europäischen Fürstenhöfen „Magier", man nannte sie „Astronomi", beschäftigt, die etwa den günstigen Zeitpunkt einer Schlacht vorausberechnen sollten. Maximilian I., Römischer König und nachmaliger selbsternannter Kaiser des Deutschen Reiches, Chef auch unseres Leonhard von Völs, bildete keine Ausnahme: Die Prophezeiung des Meisters Ambrosio de Rexate, er werde am 22. Mai 1499 gegen die Schweizer einen großen Sieg erringen, nahm er *„lachend und mit großem Vergnügen zur Kenntnis"* und erzählte diese Weissagung überall herum.
Aber wehe, wenn ein Zauberer seine Macht missbrauchte. So genannter Schadenzauber wurde hart bestraft.

Verworfen – aber noch nicht verbrecherisch

Die Kirche hatte bei der Missionierung unserer Täler und Landschaften wie überall Kompromisse geschlossen und allerhand Archaisches erlaubt, da und dort ein Auge zugedrückt, um die katholische Religion im Volk zu verankern und die Akzeptanz der neuen Lehre erhöhen zu können. Im Lauf der Jahrhunderte wurde gelehrten christlichen Theologen wie Augustinus, Burckhard von Worms und anderen der Volksglaube von Zauberinnen, die im Gefolge der Göttin Diana durch die Luft flögen, immer unerträglicher und sie prangerten diese „verbrecherischen" Weiber als vom Teufel verführte Lügnerinnen an. Deutlich wird das in einem Passus des Canon Episcopi von 906, einer Sammlung kirchenrechtlicher Vorschriften aus dem Frühmittelalter, die sich gegen Zauberei und Aberglauben wandte:

„Auch dies darf nicht übergangen werden, dass einige verruchte, wieder zum Satan bekehrte Frauen von den Vorspiegelungen und Hirngespinsten böser Geister verführt sind und glauben und behaupten, sie ritten zu nächtlicher Stunde mit Diana, der Göttin der Heiden, und einer unzähligen Menge von Frauen auf gewissen Tieren und legten in der Stille der tiefen Nacht weite Landstrecken zurück und gehorchten ihren (Dianas) Befehlen wie denen einer Herrin und würden in bestimmten Nächten zu ihren Diensten herbeigerufen. (Hartmann, Ausgewählte Quellen zur deutschen Geschichte des Mittelalters 42, S. 420-423)

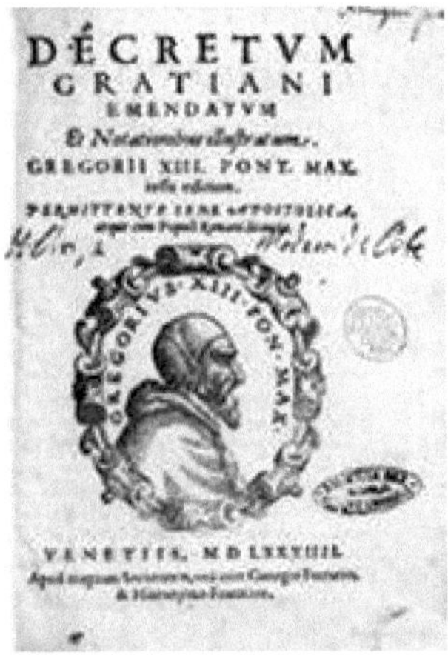

Der Canon Episcopi fand Aufnahme in die große Kirchenrechtssammlung des Gratian und damit in den **Corpus Juris Canonici**, der immerhin bis 1918 Gültigkeit hatte.

Auch noch in den Urgichten, den „Geständnissen", kommt neben dem „Filius Zabres" (Geständnis der Anna Mioler), dem großen Zauberer Virgilius, eine „Königin von Engelland" vor, die an die heidnische Diana als Gattin des Teufels erinnern mag. Allerdings sah die Kirche zum damaligen Zeitpunkt (vor dem 12. Jahrhundert) keinen Handlungsbedarf in der Art, dass sie gegen diese als Sinnestäuschungen und Humbug bezeichneten Erscheinungen vorgehen müsste.

„Aktion scharf" gegen Katharer und Waldenser

Das änderte sich aber grundlegend im Zuge der im 12. und 13. Jahrhundert aus einer urchristlichen Reformbewegung heraus entstandenen „Sekte" der Katharer (das Wort ist griechisch und bedeutet „die Reinen") und Waldenser, die sich nach ihrem Gründer Petrus Waldensis benannten. Zum ersten Mal in der damals bereits tausendjährigen Geschichte der katholischen Kirche war es zu einer bedrohlichen Abspaltung großen Ausmaßes gekommen. Angestrebt wurde ein Leben in großer Einfachheit, Frömmigkeit und Nächstenliebe, und Katharer wie Waldenser, wenn in ihren Grundansichten auch sehr verschieden, wandten sich vornehmlich gegen die Sittenlosigkeit in der kirchlichen Hierarchie. Predigtkampagnen halfen nichts, immer mehr Menschen sympathisierten mit den Katharern und liefen zu ihnen über. Papst Innozenz III. rief zum Kreuzzug auf, Honorius III. führte ihn fort und Gregor IX. krönte seinen blutigen Abschluss mit der Einrichtung einer Zentralstelle zur Verteidigung des christlichen Glaubens: Die päpstliche Inquisition war aus der Taufe gehoben – eine wahre Feuertaufe, bedenkt man die Blutspur und die qualmenden Rauchsäulen, die dieses unselige Instrument in der Folge nach sich zog. Und ein neuer Begriff war geboren, der von nun an ziemlich strapaziert werden wird: **der Begriff des Ketzers**, abgeleitet vom Wort Katharer. Die kirchliche Führung war zum Schluss gekommen, dass die epidemische Ausbreitung des „Ketzertums" ohne manifeste Aktivität des Teufels nicht möglich gewesen sein konnte. Der Böse habe die massenhafte Abwendung von Mutter Kirche bewirkt, sei bestens organisiert und hätte sich -, und nun kommt's, - dabei der Zauberer und Wahrsager bedient.

Die Etablierung des inquisitorischen Verfolgungssystems

Zauberer und Hexen – mit dem Teufel im Bund!

Eine verhängnisvolle Gleichsetzung der christlichen Dämonologie mit den heidnischen Randerscheinungen der Zauberer und Hexen hatte eingesetzt und bot eine willkommene Gelegenheit, diese „Pest" ein für alle Mal los zu werden.

Was bedeutet nun der **Begriff „Inquisition"**? Gezielte Untersuchung. Die bisherige Praxis, erst tätig zu werden, wenn Anschuldigungen vorgebracht wurden, wurde abgelöst von einer von sich aus aktiv operierenden päpstlichen Verfolgungsmaschinerie. Hatte Innozenz III., den wir als Verfolger der Katharer fürchten gelernt haben, den Beschuldigten doch noch weit gehende Verteidigungsmöglichkeiten eingeräumt, war es nun mit diesem Kuschelkurs vorbei. Sein päpstlicher Nachfolger Gregor IX. ließ Konrad von Marburg und Robert le Bougre von der Leine. Die Beiden stehen am Beginn einer diabolischen Reihe päpstlicher Inquisitoren, die im Europa des ausgehenden Mittelalters Angst und Terror verbreiten werden.

Persecution of the Waldenses.

Verhängnisvolle Verschärfung des Inquisitionsverfahrens

Die Neuerungen in Schlagworten:

✝ Eine einfache Denunziation reicht zur Anklage aus; alle Gläubigen sind verpflichtet, jeden Verdächtigen der Heiligen Inquisition zu melden

✝ Verteidigungsmöglichkeiten werden drastisch eingeschränkt

✝ Zeugen werden dem Beschuldigten nicht bekannt gegeben

✝ Der Prozess ist streng geheim

✝ Der Inquisitor ist Ankläger und Richter zugleich

✝ Eine Verurteilung ist auf einen bloßen Verdacht hin möglich

✝ Es gibt keine Berufung

✝ Geständige und reuige Angeklagte werden langjährig oder lebenslang eingekerkert

✝ „Verstockte" oder Rückfällige enden auf dem Scheiterhaufen

Sie glauben, der Gipfel sei damit erreicht?

Weit gefehlt: Pontifex Innozenz IV. (aus Lat. „der Unschuldige"...), der auf das bloß einjährige Pontifikat Cölestin II. folgte, setzte in seiner Bulle **AD EXTIRPANDA** (das heißt deutlich und plakativ: „Um auszumerzen"), 1252 noch eins drauf:

✝ Die Folter ist zur Erzwingung eines Geständnisses zugelassen

Wie praktisch! Damit war der Willkür Tür und Tor geöffnet, sperrangelweit. Eine Welle unter der Folter erpresster „Geständnisse" spie Abstruses und Perversionen aus, die den damaligen kirchlichen Mähdreschern im Weinberg des Herrn nur recht sein mochten. Endlich konnte „bewiesen" werden, was man schon immer vermutet -, nein: gewusst! hatte:

Dass sich die Angeklagten tatsächlich mit Dämonen eingelassen, den christlichen Glauben verleugnet, mit Hilfe des Teufels Schäden an Mensch, Ernte und Vieh verursacht hätten. Der Teufel belohne ihre Gefolgschaft, indem er ihnen Zauberkräfte verleihe und heiße sie mit Hilfe skurriler Fluggeräte kostenlos und in Nullzeit zu obskuren Versammlungsplätzen fliegen. Der Canon Episcopi müsse anders ausgelegt werden. Die dämonischen Fahrten existierten nicht bloß in der Einbildung, sondern sie würden realiter absolviert!

Die theoretische Untermauerung: Augustinus und Thomas von Aquin

Nun haben wir es, das „hexische" Täterprofil, das bis ins kleinste Detail auf unsere unschuldigen Völser Frauen und Männer angewendet werden kann.

Die Inquisition stand bezüglich ihres theoretischen Fundaments zu Beginn ihres wahnhaften Wirkens auf eher wackeligen Beinen: Sie suchte in der verfügbaren (katholischen) Literatur nach geistigen Sponsoren und passenden Belegen. Solche fand sie schließlich in Augustinus, dessen frauenkritische Ergüsse wir schon kennen gelernt haben, und in den Schriften des Gelehrten Tomas von Aquin, in denen Ressentiments gegen Frauen noch einmal eine Steigerung erfuhren. Beide gehen von einem Dämonenpakt aus, wobei den „Hexen" und „Zauberern" auch gar nicht bewusst sein könne, dass sie einen solchen eingegangen seien. Wen stört's: In einem solchen Fall seien sie eben einen stillschweigenden Teufelspakt eingegangen, und stillschweigend hin, explizit her, beide seien Ketzerei und gehörten, ergo, vor das Inquisitionsgericht.

Wahrscheinlich war in der damaligen Zeit den Scholastikern, dem spätmittelalterlichen Gelehrtentypus, der polemische Stoff ausgegangen und es herrschte Saure-Gurken-Zeit. Dominikaner-, Benediktiner- und Franziskanermönche beschäftigten sich mit den Schriften der Antike, besonders mit denen des Aristoteles (sind wir auf unserem Streifzug durch die Entwicklung des Frauenbildes nicht auch über diesen klassisch-antiken Herrn gestolpert?) und waren stolz auf die von ihnen in Anlehnung an die klassischen Autoren entwickelte **„scholastische Denkmethode"**:

✓ *klares Herausarbeiten der Frage*
✓ *scharfe Abgrenzung der Begriffe*
✓ *logisch geformte Beweise*
✓ *Erörterung der Gründe und Gegengründe*
  in formgerechter Disputation.

Wir werden sehen, dass scholastisch geschulte Inquisitoren exzellente Hexenjäger abgaben – die besten. La Crème de la crème. Und der Papst war stolz auf seine Elitetruppe. Besonders die Dominikaner widmeten sich mit „Feuereifer" (Sie entschuldigen die Anspielung) der neuen Aufgabe und brachten es ziemlich weit (oder tief). Mit ihrer entseelten, im wirklichen Sinn des Wortes menschenverachtenden inquisitorischen Hackschnitzelstrategie hieben sie alles und jede/n zu Kleinholz. Die Tatsache, dass das dialektische Regelwerk von ihnen selbst entwickelt worden war, demnach quasi unter ihrer geistigen Kontrolle stand, ließ jeden davon Betroffenen von vornherein kapitulieren. Man konnte nur eins: verlieren.
Eigentlich möchte man den wissenschaftlich geschulten geistlichen Herren im ersten Moment alles Mögliche zutrauen, aber nicht unbedingt das Folgende:

Die scholastische Inquisitionsmaschinerie

Die knochentrockene Materie der scholastischen Geistesdisziplin verlangte wohl nach Anwendung im realen Raum, ein praktisches Betätigungsfeld. Jedenfalls holte man sich nun die Vorstellungen des „gemeinen Volkes" über Zauberei und Dämonen in die staubige Studierstube und begann mit scholastischen, also gründlichen Grübeleien:
Ja, diese Vorstellungen seien keineswegs abergläubisch, sondern wahr (da hörst du es, Regino von Prüm, du ehrwürdiger Abt und Autor des Canon Episcopi! Du hast das damals noch als Hirngespinst abgetan). Zauberer hätten von den Dämonen besondere Kräfte verliehen bekommen, und mit Hilfe dieser besonderen Kräfte könnten sie aus Schlamm mit links Frösche, Schlangen, allerlei Gewürm und Getier erschaffen. Als ob es solche Viecher nicht eh schon zur Genüge gäbe. Hagel, Sturm und Ungewitter? Kein Thema. Mit Hilfe meines Dämons braue ich meinem Auftraggeber – oder einfach so – Gewitter jedweden Stärkegrads, mit und ohne Hagel, mit treffsicherem Blitz und subwoofer-unterstütztem Donner.

Und dann kommt's knüppeldick: Vorsicht! Sie betreten nun Frankensteins infernalisches Horrorkabinett. Es handelt sich hier nämlich um die dämonischen Kreationen eines „Incubus" und „Succubus". Man merkt schon am Lateinischen, dass die Scholastiker (den Abt von Canterbury und ein paar andere möchte ich durchaus ausnehmen) mit diesen Begriffen ihre Freude gehabt haben werden. Es galt, den vielen verruchten Frauen und wenigeren verruchten Männern als Krönung des teuflischen Bündnisses einen handfesten Geschlechtsakt mit einem Dämon nachzuweisen. Wenn das gelänge, dann wäre die Welt in Ordnung. Kein vernünftiger Christ könne daran zweifeln, dass ein Zauberer, eine Hexe, der/die einen Dämonenpakt in quasi ehelicher Form mit einem Dämon eingehe, etwas über-

aus Verwerfliches sei. Sex mit dem Teufel, was wird die Jungfrau Maria davon halten oder alle die sauberen weißen Engel, die in sphärischer Enthaltsamkeit das Reich des Lichts bevölkern und mit süßen Stimmen und mit Harfenbegleitung ihr „Halleluja" flöten? Die Frage war nur die: Wie könnte man eine solche Sexpartnerschaft theoretisch ausformulieren, so dass sie griffig ist und auch „angenommen" wird? Wenn es um sophistische Akrobatik geht, und um eine solche ging es hier wohl, waren die Scholastiker in ihrem Element: In gleichermaßen hitzigen wie disziplinierten Disputationen durchmaßen sie, die Hände in die Ärmel der schwarzweißen Kutten gesteckt, die kahlen Korridore rings um den Kreuzgang in angemessener Schrittlänge und disputierten, immer unter Beachtung der „scholastische Denkmethode" (wir erinnern uns):

klares Herausarbeiten der Frage
scharfe Abgrenzung der Begriffe
logisch geformte Beweise
Erörterung der Gründe und Gegengründe in formgerechter Disputation

(aber das wissen Sie schon).

Irgendwann wird der dominikanische Koch zur Suppe geschellt haben oder die Non rief zum Gebet. Schlussendlich war die Theorie aber fix und fertig:

Mögen Sie Skurriles? Schauen Sie gern Sciencefiction-Filme? Dann lehnen Sie sich zurück und genießen Sie die wundersame Theorie zweier Zombies mit Namen **Incubus** und **Succubus**:

> 1. *Es gibt INCUBI.*
> *Incubi, Einzahl Incubus, kommt vom Lateinischen „incubare = oben liegen".*

Incubi seien männliche Dämonen. Sie ernährten sich von den Lebenskräften schlafender Frauen, die sie des Nachts besuchen und sich heimtückisch mit ihnen paaren. Die vom Incubus „beglückte" Frau wacht nicht auf und erinnert sich höchstens in Form eines Traumes an den nächtlichen Besuch. Folter wirkt beim Verhör äußerst erinnerungsfördernd und man kommt mit ihrer Unterstützung sogar an gewisse pikante Details. Da die Frau eine solche Begegnung aber herbeigesehnt habe - andernfalls wäre der Sexteufel ja nicht ausgerechnet bei ihr gelandet -, sei diese Buhlschaft einem Teufelspakt gleichzustellen. Ergo: Abfall von der christlichen Religion. Ergo: Da ist inquisitionärer Notstand gegeben mit der Pflicht zur Anwendung des gesamten reichhaltigen befragungstechnischen und folterspezifischen Repertoires.
Nach langem Disputieren konnte man einen feinen, nicht unwichtigen Schönheitsfehler dieser Incubus-Theorie beseitigen, nämlich den,

dass Dämonen nach anerkannter Lehre im Sammelwerk des Canon Episcopi keinen Samen besäßen, mithin ein Geschlechtsakt im engeren Sinn
mit allem Drum und Dran also nicht vorliegen könne. Nach langwieri-
gem Überlegen dann: Wir haben's! Der Succubus war geboren.

> 2. *SUCCUBUS, Mehrzahl Succubi, von lateinisch „succumere" = un-
> ten liegen, ist ein mit einem Mann buhlender weiblicher Teufel,
> demnach das weibliche Gegenstück zum männlichen Incubus.*

Soweit die eine Theorie. Die „Samen-Hypothese" war die, dass ein
an sich geschlechtsloser Dämon zuerst in Form eines Succubus (also unten liegend) mit einem Mann schlief, ihm dabei den Samen klaute und
sich anschließend Hokuspokus! in einen Incubus verwandelte, um mit
ebendiesem Samen eine Frau zu begatten. Natürlich hatte das daraus
entstandene „Balg" gewisse dämonische Attribute, die Samentransak-
tion hinterließ eben ihre Spuren, sei es, dass das Kind missgebildet zur
Welt kam oder in seinem Wesen wenig akzeptable Züge besaß. Es
kommt aber auch vor, hieß es, dass Menschen mit besonderer Power
daraus hervorgingen (so im „Hexenhammer").

So hatten Scholastiker den Inquisitoren das Rüstzeug geliefert, mit
dessen Hilfe der Wahn vom verschwörerischen Teufel bis ins letzte Tiroler Eck verbreitet werden konnte.

Die planmäßige Verfolgung von Hexen und Zauberern beginnt

äpste kamen, Päpste gingen, und dann wurde um 1316 ein ganz scharfer zum Pontifex gekürt, der vom Zauberwahn nachgerade besessene greise Johannes XXII. Mit ihm begann ab 1326 in Südfrankreich, in Norditalien und in der südwestlichen Schweiz die planmäßige Verfolgung der Zauberei durch die Heilige Inquisition. Immer häufiger endeten Schuldsprüche mit Todesurteilen wegen „ketzerischer Zauberei". Die Welle erreichte 1360 Como und brandete somit gefährlich nahe an die Grenzen des Deutschen Reichs. Man entwickelte einen erstaunlichen Fleiß: Der Inquisitor von Como ließ in der Grafschaft Burbia – Bormio (oder Wormserbad) in einem einzigen Jahr (1485) einundvierzig „Hexen" verbrennen.

Die Foltergeständnisse hatten nicht nur für die jeweiligen Angeklagten fatale Folgen: Auch in den fanatischen Köpfen der Inquisitoren tat sich etwas; sie formten und perfektionierten ihr „Ketzerbild" und sahen mit jedem weiteren Scheiterhaufen, den sie selber angefacht hatten, den Beweis einer landesweit operierenden obskuren „Hexensekte". Die Ergebnisse der Foltergeständnisse gerannen in immer häufiger erscheinenden „Hexentraktaten" zu einer neuen, aufs penibelste ausgefeilten Hexenlehre. Wer übernahm die theoretische Ausarbeitung? Die Herren der scholastischen Disziplin.

Nider, der Hexentheoretiker: „Ohne die Weiber wäre die Erde ein Paradies".

Besonderes Aufsehen erregte 1437 Johannes Niders „FORMICARIUS" (Beruf: Dominikaner; Funktion: Abt), in dem er die in der Schweiz gesammelten Foltergeständnisse auswertete und systematisierte. In diesem Werk ist alles vereint, was unzähligen Frauen und Männern den Feuertod bringen wird (wir erinnern uns an S. 26):

Mitgliedschaft in einer Teufelssekte, Teufelspakt (alle Völser Frauen)
Herstellung einer Hexensalbe und entsprechende Rezepturen (Els, Madlen)
Ausfahrten durch die Luft (alle)
Das Töten von Ungeborenen im Mutterleib (Anna Oberharder)
Geschlechtsverkehr mit dem Teufel (Anna Mioler, Anna Jobst)
Wollüstige Hexenfeiern (Messnerin von Sankt Christanzen u.a.)
Verwandlung in (Tier-)Gestalten (Katharina Moser)

(In Klammern stehen die Namen der einhundert Jahre später wegen dieser „Vergehen" angeklagten Völserinnen).

Das System war um 1400 also schon ziemlich ausgereift wie eine faulige Frucht. Man konnte nun bequem nach diesem Vademekum verfahren. Papst Eugenius IV. rief 1437 und 1440 alle Inquisitoren auf, die nunmehr enttarnte Hexensekte mit allen Mitteln aufzuspüren und zu vernichten. Den vorläufig letzten Feinschliff verpasste Nicolaus Jaquier der Hexentheorie 1458.

Ist Ihre Nachbarin eine Hexe? Die Checkliste zum Ankreuzen

In der Folge etabliert sich eine Checkliste von fünf Punkten, die eine Hexe als solche definiere:

- ✓ Teufelspakt
- ✓ Teufelsbuhlschaft
- ✓ Hexenflug
- ✓ Hexensabbat
- ✓ Schadenzauber

Die Völser Frauen berichten zum Teil sehr ausführlich vom **Zustandekommen des Teufelspaktes**. Der Teufel, clever wie er ist, näherte sich seiner Beute in einer besonderen Notlage und brachte sie dazu, Gott, die Jungfrau Maria und alle Heiligen zu verleugnen und sich in seinen Gehorsam zu be-(er-)geben. Versprochen wurden, wie bei einem guten Geschäft nicht anders zu erwarten, weltliche Reichtümer aber auch besonders begehrte kulinarische Leckerbissen.

Folgendes berichteten zwei der beschuldigten Frauen von einer **Teufelsbuhlschaft**: *Bei den Hexenfeiern, den **Hexensabbaten,** sei es ausgelassen zugegangen. Aufgespielt wurde auf Flöten und Trommeln, es wurde getanzt und „gesprungen". Auch die Völser **Hexenflüge** wurden auf hölzernen Fluggeräten unternommen, eine Frau ritt, auf züchtige Damenart, auf einer Kuh. Von **Schadenzauber** wird von fast allen Frauen berichtet.*

In den Schriften der Hexenjäger fand dieser Punkt besondere Aufmerksamkeit, Zauberformeln wurden penibel notiert. Stellvertreterpuppen, wie sie bei Institoris' Erhebungen in Innsbruck gestanden wurden, lassen an den heute in manchen Ländern noch immer grassierenden **Voodoo-Zauber** denken, bei dem in analoger Weise stellvertretend für die zu Schädigenden Puppen zur Anwendung kommen: Nadelstiche, die dieser Figur zugefügt werden, lösten beim menschlichen Äquivalent somatische oder psychische Schmerzen aus bis hin zum Tod.

Schadenzauber – die „Black List"

„Hexenschuss" und andere Krankheiten wurden ominösen Hexen angelastet, da man für derartige Phänomene keine bessere Erklärung hatte. Sehr beliebt waren solche Schuldzuweisungen auch bei angeblich von Hexen ausgelöster Impotenz bei Männern und von Unfruchtbarkeit bei Frauen, Fehl- bzw. Frühgeburten und bei der Geburt missgebildeter Kinder. Kühe scheinen weitaus „störbarer" und sensibler zu sein als weithin angenommen: Eine Hexe konnte lediglich durch beiläufiges Vorbeispazieren am Stall den Milchfluss des Milchviehs zum Erliegen bringen.

60

Man konnte sich im vorwissenschaftlichen Zeitalter natürlich auch nicht erklären, wie ein Gewitter zustande kam und wieso es sich gerade da und nicht dort entlud. Fakt ist, dass es eine Hexe gebraut hat. Natürlich hat sie auch – oder war es ihre Freundin? – mit einem „Reifzauber" die Weinberge vereist. Und die Heuschreckenplage im letzten Jahr mit totalem Ernteausfall und höllischem Kotgestank? Hexenwerk. Was sonst?!

Aber warum immer so negativ denken? „Bei Mäuseplage, Rattenpest und Mückenschwarm wenden Sie sich getrost an die Hexe Ihres Vertrauens". Wie die Völserin Anna Jobst schon sagte: *„Solches mag beschehen durch kein Unglaub"* und meint damit die für sie unbedenkliche Rücknahme eines von einer Kollegin verhängten Schadenzaubers.

Zusammenfassend könnte man in Bezug auf den Fachbereich Schadenzauber Folgendes sagen: Die Hexe verkörperte damals diejenigen Wirkkräfte, die wir heutzutage den Naturwissenschaften in Anwendung der Naturgesetze zuschreiben.

Die „Hexenpest" breitet sich dank Papst Innozenz VIII. nach Norden aus

Die Wolken verdichten sich, ein drohender Kumulus hat sich über Norditalien, Frankreich, die Schweiz gelegt. Er bläht sich auf und zieht unaufhaltsam nach Norden wie ein großer gefräßiger Moloch. Das, was vom landeseigenen Wetterberichterstatter stammen könnte, bezieht sich auf die sich nunmehr auch ins Deutsche Reich ausdehnende Hexenhysterie. Katalysator ist wieder einmal ein Pontifex (das „Maximus" will einfach nicht über die Tastatur), diesmal mit Namen Innozenz VIII., ein weiterer „Unschuldiger" (innocens = unschuldig). Der zweihundertzwanzigste Inhaber des Stuhls Petri ist er und sieht auf dem Porträt in San Giovanni in Laterano mit Glatze und weißem Haarkranz nachgerade gutmütig aus. Etwas zu gut genährt, mag sein, aber das war berufstypisch und ließ die Pontifikats- und Lebensjahre schrumpfen; Gott sei Dank, wie man in diesem Fall einmal mehr anmerken möchte. Ganze acht Jahre dauerte Innozenz' Pontifikat, aber sie reichten immerhin aus, um die berüchtigte **„Hexenbulle"** („SUMMIS DESIDERANTIS AFFECTIBUS", „Mit höchstem Begehren") auf den inquisitorischen Markt zu werfen. Sicher ist es ein Zufall, dass der Tag des Erscheinens ausgerechnet ein 5. Dezember (1484) war, nach Tiroler Brauch der „Teufelstag"... Giovanni Battista Cibo hieß er mit zivilem Namen und er wurde im Nachhinein mitunter als „Cibo-Schlächter" bezeichnet. Ein makabres Gerücht rankt sich um seinen Tod: Nachdem er ins Koma gefallen war, soll er sich

von seinem Leibarzt das Blut von drei zehnjährigen Knaben geben haben lassen, um sich deren Jugend einzuverleiben (im Sprachgebrauch der Völser „Hexen": „Ein Kind kratzen"). Gesundheitlich war er also ziemlich angeschlagen, der Hexenpapst. Die politischen Fäden zog, wohl um zu üben, ein geistlicher Herr, der etwas später, 1503, als Julius II. ein glanzvolles Renaissancepontifikat antreten wird. Innozenz war aber immerhin fit genug, eine beachtliche Kinderschar zu hinterlassen (eine Quelle: „acht boshafte Buben und ebenso viele Mädchen"). Sein Grabmal befindet sich in der Petersbasilika in Rom. Es ist das einzige Grabmal, das aus der alten Peterskirche in die neue übernommen wurde, und es ist das erste Denkmal, das einen Papst auf dem Thron sitzend in Herrscherpose darstellt. Die Ecke in der Peterskirche, in der sich das Grabmal befindet, links hinten vor dem Querschiff, ist in tiefes Dunkel gehüllt. Ich konnte es nur mit Mühe ausmachen. Hoch über dem Besucher sitzt er, der Hexenpapst, und zeigt mit der segnenden Rechten beinahe drohend in den Raum. Der düstere Stein, aus dem die Statue gemeißelt ist, scheint die Figur wieder zurückholen zu wollen in den Dämmer des Mittelalters, das man als die eigentliche Heimat dieses unseligen, unheiligen Papstes bezeichnen möchte.

Vielleicht überrascht es Sie – oder auch eben nicht –, dass König Max, der spätere Kaiser und herrschaftliche Freund unseres Leonhard, zu den begeisterten Fans der Hexenbulle zählte…

Inzwischen wird aber noch Amerika entdeckt, akkurat im Todesjahr des unglückseligen Innozenz, 1492, einhundert Tage nach seinem Tod. Ob das etwas änderte?

Die Wirkung der „Hexenbulle"

Ob nun wirklich die Neuzeit begann mit Humanismus, Aufklärung, Renaissance und so weiter und so fort?

Mitnichten. Mittelalter hin, Neuzeit her: Die „Hexenbulle" hatte durchschlagenden Erfolg und führte beim Einläuten des neuen Zeitalters zu einer epidemischen Zunahme der Hexenprozesse im Deutschen Reich. Sixtus IV., Innozenz' Vorgänger, hatte unter anderen Hexenjägern auch Heinrich Kramer (Institoris) von der Kette gelassen, der wegen seines besonderen Fanatismus' rasch Karriere machte und nach seiner Hexenjagd 1475 in Trient 1479 zum Inquisitor von Oberdeutschland ernannt wurde, in dessen Zuständigkeitsbereich auch die damalige große Diözese Brixen fiel. Sein dominikanischer Jagdkollege war der bedächtigere Jakob Sprenger, dessen Domäne weiter nordöstlich lag. Er versuchte seinen fanatischen Ordensbruder immer wieder zu zügeln und distanzierte sich schließlich von ihm. Das spricht für ihn. Das hat den Henricus Institoris aber nicht daran gehindert, seinen Namen als Koautor dieses widerwärtigen Buches, seines „Hexenhammers", zu missbrauchen, um sich einen Anstrich von Seriosität zu geben (die er selber ungeachtet der Popularität seines Machwerks nicht unbedingt hatte).

Zurück zu Papst Innozenz VIII., den wir noch ein Weilchen leben lassen müssen. In seiner Hexenbulle „verwurstete" er kritiklos, was ihm sein „geliebter Sohn" Institoris eingeflüstert hatte: Dass sich die Hexenseuche nun auch in Deutschland breit mache. Der Kirche drohe große Gefahr, schrieb der Papst pathetisch, und er könne als Oberhirte diesem Treiben nicht länger tatenlos zusehen. Er forderte alle Obrigkeiten auf,

Heinrich Institoris und Jakob Sprenger in ihren Gerichten und Ländern schalten und walten zu lassen und sie bei der Hexenjagd mit Halali zu unterstützen. Fatalerweise hatte Johannes Gensfleisch alias Gutenberg gerade eben den Buchdruck erfunden (ab etwa 1460). Nun ratterten bzw. quetschten die Pressen und die „Hexenbulle" fand im Deutschen Reich rasante Verbreitung - wie heutzutage die Bildzeitung. Jeder, der des Lesens mächtig war, las. Und leider konnte vor allem die Obrigkeit lesen, allen voran die Geistlichen. Und die setzten das Gelesene mit Begeisterung in inquisitorisches Gemetzel um.

Des „Hexenhammers" erster Teil

Heinrich Institoris hatte schon seit längerem an seinem Lebenswerk geschrieben – was man mit strapazierten Buchstaben doch alles anstellen kann! Und Pergament ist sowieso geduldig, wie man weiß – vielleicht weil es von Kühen stammt. Aber auch Büttenpapier lässt übelstes Gekritzel über sich ergehen und transportiert es stoisch und auch für uns Heutige noch lesbar durch die Jahrhunderte (eine heutige CD dagegen hält höchstens 30 Jahre). „MALLEUS MALEFICARUM" ist der Titel dieses Machwerks, und seiner Bedeutung wegen – es hat sich in wenigen Jahren zum De-Facto-Standard für Hexenjäger entwickelt, erlebte in wenigen Jahren Dutzende Auflagen und stand auf der Bestsellerliste ganz oben - soll es hier etwas ausführlicher als dem Magen und der Seele eigentlich zuträglich erörtert werden.

Der Titel ist bezeichnend: „Über die Übeltaten der Hexen", heißt es, genauer: der „Hexinnen". Die Autoren haben mit Bedacht die weibliche Form gewählt (maleficarum). Dieses Buch (auch ihm kam unseliger Weise der Buchdruck entgegen) erschien 1489 in Köln im Druck und zeigt eine Approbation der dortigen theologischen Fakultät von 1487. Das Buch besteht aus drei gleich umfangreichen Teilen, in der mir vorliegenden Ausgabe im DTV-Klassik-Verlag sind das jeweils etwas mehr als 200 Seiten. Gutenbergs Pressen sind wegen des Inhalts und Umfangs bestimmt heiß gelaufen.

Der erste Teil widmet sich hauptsächlich der Frage: Gibt es Zauberei? Gibt es Hexen? Institoris bemüht die Heilige Schrift und eine Vielzahl kirchlicher Autoritäten und kommt am Ende zu folgendem lapidarem Ergebnis (quod erat demonstrandum...): **„Die Behauptung, es gibt Hexen, ist so katholisch, dass die Verteidigung des Gegenteils häretisch (also ketzerisch) ist."** So einfach ist das. Wenn also von nun an jemand an der Tatsache rüttelt, stellt er sich gegen die katholische Kirche, ist mithin ein Häretiker, landet in den Mühlen der Inquisition und wird schließlich geschrotet und fein gehäckselt ins Feuer geworfen.

Ein Schlund von Perversionen tut sich in dem Kapitel auf, in dem die Autoren auf vollen zehn Seiten ihren Hass gegen Frauen entladen. Zitate habe ich bereits angeführt und brauchen (sollen) hier nicht wiederholt werden. Unterstützt werden die Autoren (wohl: der Autor) jedenfalls kräftig durch Zitate aus Albertus Magnus, Chrysostomus, Thomas von Aquin, Augustinus und vielen, vielen anderen. Großen Aufwand betreiben die Autoren zu beweisen, dass die verschiedenen „Hexenwerke" nicht bloß in der Einbildung, sondern ganz realiter geschehen. Natürlich. Nur so lässt sich ein „crimen exceptum et enorme" konstruieren – ein Ausnahmeverbrechen, das man mit beliebiger Schärfe verfolgen konnte.

Hexenhammer – Teil 2

Im zweiten Teil wird das Problem eines Bündnisses mit dem Teufel erörtert. Achtung: Zensur! Unter 18 verboten! Dantes Inferno, die Erlebnisse des Casanova oder die Aufzeichnungen der Josefine Mutzenbacher: Kinderkost!

Eine „Kostprobe"? Aber nur für Erwachsene!

Es ist zu sagen, *„dass oft auf dem Felde oder im Walde Hexen auf dem Rücken liegend gesehen wurden, an der Scham entblößt, nach der Art jener Unflätereien die Glieder in Ordnung, mit Armen und Schenkeln arbeitend, während die Incubi unsichtbar für die Umstehenden wirkten, mochte sich auch am Ende des Aktes ein ganz schwarzer Dampf in der Länge eines Mannes von der Hexe in die Luft erheben…"*

Da sind Voyeure am Werk (die Umstehenden); vielleicht befinden sich zwei darunter mit Namen Institoris und (eher weniger) Sprenger.

Auch in Ravensburg hätten sich Hexen in derartigen „Unflätereien" ergangen (*„einige vom zwanzigsten, andere vom zwölften, noch andere vom dreißigsten Jahr an, und zwar immer mit ganzer oder teilweiser Verleugnung des Glaubens"*); dort seien in fünf Jahren *„nicht weniger als 48 dem Feuer überliefert worden"*. Auf die Frage, *„ob der Incubus die Hexe immer mit Ergießung des Samens besucht"*, unterscheiden die Autoren, *„ob die Hexe bejahrt und unfruchtbar ist oder nicht"*. Beim Beischlaf mit einer betagten Hexe würde das ja nichts bewirken. Der Dämon vermeide in seinen Werken *„soviel er kann Überflüssiges"*. Der Dämon fährt demnach vornehmlich auf junge Hexen ab (siehe das „Geständnis" der Juliana Winkler: *„…denn der Teufel groß Gefallen an den Jungen, mehr als an den alten Leuten hab"*), denen injiziert er seinen (den „einem schändlichen Mann entzogenen") Samen.

Man sieht, von dieser Vorstellungswelt sind wir wirklich ein halbes Jahrtausend entfernt – aber Obacht! Die letzte Hexenverbrennung fand im Deutschen Reich vor nicht einmal 250 Jahren statt – in Tirol brannten die letzten Scheiterhaufen 1716 und 1717.

Haben Jesus und die Engel Stuhlgang?

Sparen wir uns den Rest, obwohl es einige kuriose Stellen gibt, die durchaus ungewollte Komik versprühen, etwa in dem Teil, in dem die Autoren Mutmaßungen anstellen, ob die Engel oder auch Christus eine

Verdauung (gehabt) hätten mit der entsprechenden Rückstandsentledigung (Gagga, Pippi). Nein, sagen die Autoren bestimmt, *„anstelle der verteilenden und ausscheidenden Kraft steht eine andere, durch welche die Speise sofort in die vorliegende Materie aufgelöst wird (...) wie wenn man Wasser ins Feuer gösse“.*

Sollten Sie also einmal in Zweifel kommen, ob Sie nicht doch etwa ein Engel sind (vielleicht sagt das einmal jemand zu Ihnen), dann prüfen Sie einfach nach, ob Sie – oder ob Sie nicht.

Was Hexen alles hexen

Im Folgenden widmen sich die Autoren der Frage, wie die Hexen *„andere Kreaturen beiderlei Geschlechts und auch die Feldfrüchte behexen“;* wie sie die Zeugungskraft oder auch den Beischlaf hemmen, wie die männlichen Glieder (Penisse) weggehext werden, *„so dass sie gleichsam gänzlich aus dem Körper gerissen sind“;* wie die Hexen durch *„Gaukelkünste in Tiere verwandeln können;* wie die Hexen-Hebammen die Empfängnis im Mutterleib auf verschiedene Art verhindern, und, wo sie es nicht tun, die Kinder dem Dämon opfern“.* Lediglich die Himmelskörper könnten nicht behext werden, weil sie *„von guten Engeln bewegt werden (...) und wegen des universalen Regiments und des allgemeinen Guten des Universums, das im allgemeinen geschmälert würde, wenn es den bösen Geistern erlaubt würde, an jenen Himmelskörpern irgendwelche Verwandlungen zu verursachen“.* Na, Gott sei Dank.

Ein Fallbeispiel aus Institoris' Praxis

Warum alle Kirchenleiter und *„Abendmahlgeber“* angehalten werden, *„die höchste Aufmerksamkeit darauf zu haben, dass die Weiber mit ganz offenem Munde, wohl ausgestreckter Zunge, das Tuch weit vom Munde, das Abendmahl nehmen“?* Weil auf diese Weise viele Hexen entlarvt würden. Die Autoren zitieren ein Beispiel aus eigener Praxis: *„(...) und plötzlich sich verneigend, wie es die verfluchte Weiberart ist,* *brachte sie das Kleid an den Mund, nahm den Leib des Herrn (aus dem Munde) heraus, wickelte ihn in das Tuch und legte ihn, so vom Dämon unterwiesen, in einen Topf, in dem eine Kröte war, und verbarg ihn in der Erde im Stalle nahe bei der Scheune ihres Hauses, unter Beifügung sehr vieler anderer Dinge, mit denen sie ihre Hexentaten hätte vollbringen sollen; aber durch die Liebe Gottes ward eine so schwere Tat entdeckt und kam ans Licht. Denn am folgenden Tage, als ein Taglöhner am Stalle vorbei nach seiner Arbeit ging, hörte er eine Stimme, wie von einem heulenden Kinde; und als er näher trat, bis er zum Estrich gekommen war, unter dem der Topf verborgen lag, hörte er umso deutlicher; und in der Meinung, ein Kind sei dort von einem Weibe vergraben, holte er den Schulzen oder Ortsvorsteher und erzählte die Geschichte, die seiner Meinung nach von einem Mörder begangen war. Nachdem jener schnell Diener geschickt hatte, fand sich, dass es so war, wie er erzählte. Sie wollten aber das Kind nicht ausgraben, sondern Wächter in der Ferne aufstellen, dass sie mit klarem Sinne Acht hätten, wenn etwa ein Weib sich nahe. Sie wussten ja nicht, dass dort der Leib des Herrn versteckt lag. Daher traf es sich auch, dass dieselbe Hexe den Ort betrat und unter den Mantel den Topf barg, was aber die andern heimlich sahen. Daher ward jene gefangen, gefoltert und gestand das Verbrechen, indem sie sagte, der Leib des Herrn sei mit einer Kröte in dem Topfe dort verborgen worden, damit sie aus diesem Pulver nach ihrem Gefallen den Menschen und Tieren Schaden zufügen könne."*

So abstrus diese Geschichte ist – und so fatal auch die Folgen (die Betroffene wurde mit Sicherheit auf dem Scheiterhaufen verbrannt), mag sie die Denkweise der Damaligen erhellen. Wir dürfen nicht vergessen, dass die beiden Autoren Doktoren der Theologie waren, also Akademiker mit scholastischer Bildung, von denen man eine wissenschaftliche Distanz zu magisch motivierten Anschuldigungen (des Taglöhners, des Schulzen) erwarten möchte. Nicht vor 500 Jahren, nicht in jener hysterisch aufgeladenen Zeit!

Eine Analyse des Geschehens aus heutiger Sicht würde den Sachverhalt anders darstellen. Schon die Anreihung der erzählten Fakten zeigt eine willkürliche und auf den Zweck ausgerichtete Chronologie. Wir würden von der Aussage ausgehen, die vor Anwendung der Folter gemacht wird. Wir würden eine „logisch motivierte" Erklärung für das Schreien suchen, das wie das eines Kindes klang. Wir würden, wir würden… Als juridisch unbedarfter Laie möchte ich keinem Untersuchungsrichter ins Handwerk reden, jedoch hier ist die der Intention unterworfene Präjudizierung mit Händen zu greifen. Aber mit dem Mittel der Folter konnte man sich über alle kriminologischen Unzulänglichkeiten und Erhebungsschlampereien hinweg schmuggeln und hatte von vornherein das gewünschte Ergebnis.

Aber zu den damaligen Verfahrens- und Prozessverläufen kommen wir etwas später noch ausführlicher zu sprechen.

Die weiteren Kapitel behandeln folgende Themen:

- ✓ Über die Art, wie sich Menschen in Tiergestalten verwandeln, wie die Dämonen in den Leibern und Köpfen stecken und sie bisweilen durch Hexenkünste leibhaftig besitzen;
- ✓ über die Weise, wie sie jede Art von Krankheit anhexen können;
- ✓ über die Art, wie die Hexenhebammen noch größere Schädigung antun, indem sie die Kinder entweder töten oder sie den Dämonen weihen;
- ✓ die Art, wie die Hexen den Haustieren verschiedenen Schaden antun;
- ✓ über die Art, wie sie Hagelschlag und Gewitter erregen und auch Blitze auf Menschen und Haustiere zu schleudern pflegen;
- ✓ über die drei Arten, wie Männer und nicht Weiber mit Hexenwerken infiziert befunden werden

Zum Thema „Gegenzauber" und Maßnahmen
gegen Behexungen

Nach dieser eingehenden „Analyse" liefern die Autoren ein Kapitel über die „Medikation": Über die Arten, Behexungen zu beheben oder deren Folgen zu heilen.

Als einzige der verurteilten Frauen hat Anna Jobst ein Mittel genannt, mit dessen Hilfe man einen Schadenzauber durch einen Gegenzauber rückgängig machen könne (ich habe diese Stelle bereits weiter oben zitiert). Die Autoren des Hexenhammers sind da ganz anderer Meinung: Hatte Anna Jobst geglaubt, beim Gegenzauber wäre kein Unglaube im Spiel, hält Institoris dagegen, dass es unerlaubt sei, einen Zauber durch einen Gegenzauber aufzuheben, da dies *„vermittelst hexischer und unerlaubter Riten"* geschehe und *„man sich dabei der ausdrücklichen oder schweigenden Anrufung der Dämonen bedient"*. Die Theologen, meint er, sagen, *„man solle lieber den Tod wählen, als in solche (Mittel) zu willigen"*. Punktum. Anna Jobst ist fällig.

Ein Mittel gegen die früher häufig auftretenden Insektenplagen wird am Beispiel unseres Landes – nicht vergessen: Institoris wütete einige Zeit in der Diözese Trient und dann in Brixen (Innsbruck gehörte damals dazu) und war mit den Tiroler Gegebenheiten bestens vertraut! – im folgenden Zitat genannt: die Exkommunikation, und, als schwereres Kaliber, der Exorzismus:

„Da ist endlich im Gebiete der Etsch allgemeines Gerede, ebenso auch an anderen Orten, dass, wenn mit Gottes Zulassung Heuschrecken in ungeheurer Menge fliegen und Weinberge, Laub und Saaten und alles Grüne abnagen, sie durch derartige Exkommunikation und Verwünschung in die Flucht geschlagen und plötzlich vernichtet worden sind." Man müsse die „Krankheit" selber „samt den Hexenurhebern und den Dämonen" exkommunizieren. Ist das denn erlaubt, „eine unvernünftige Kreatur zu beschwören?" Ja, denn der Teufel bediene sich der unvernünftigen Kreatur. Vorher müsse das Volk aber fasten und Prozessionen

abhalten, „*wegen der Hurerei nämlich und der Mannigfaltigkeit der Verbrechen werden solche Übel gesandt; daher auch die Leute zur Beichte
anzuleiten sind.*"

Ersparen wir uns *die „Heilmittel für die mit ungewöhnlicher Liebe
oder ungewöhnlichem Hass Behexten"*, da sie ohnedies nichts bringen.

Unterstehen Sie sich, *„die Würmer in den Fingern durch gewisse uner-
laubte Worte und Sprüche (zu) heilen oder das Vieh nicht bloß mit Weihwasser zu besprengen, sondern es ihnen in das Maul gießen"*! Institoris
mag so etwas nicht und schleift Sie andernfalls gnadenlos vors Inquisitionsgericht.
Geben Sie einer Nachbarin auch nicht leichtfertig auf ihre Bitte hin etwas Butter oder Milch ab! Die Betreffende könnte Böses im Schilde führen und damit Ihr Vieh behexen wollen.
Falls Ihre Haustiere durch *„Behexungen getötet werden, müssen
die, denen so etwas zustößt, darauf achten, dass unter der Schwelle der
Stalltür (...) die Erde beseitigt und andere Erde unter Besprengung mit
Weihwasser an diese Stelle geschafft werde, weil die Hexen oft gestanden haben, dass sie gewisse Werkzeuge der Behexung an diesen Stellen
verborgen hätten (...) Dies Hexenzeug war eine ganz unbedeutende Sache, z.B. ein Stein, Holz, eine Maus oder irgend eine Schlange."* Da hört
sich der Spaß aber auf: Ein Stein oder Ähnliches würde sich womöglich
auch unter meiner (und Ihrer) Schwelle befinden, wenn Sie im Parterre
wohnen und man dort unter der Schwelle nachgraben würde.
*„Gegen Hagelschlag und Gewitter wird folgendes Mittel gebraucht: Drei
Körner von dem Hagel werden (...) unter der Anrufung der heiligsten
Dreifaltigkeit ins Feuer geworfen und dann, wenn (die betreffende Person) am Ende dreimal wiederholt: ‚Das Wort ward Fleisch' und dreimal
danach gesagt hat: ‚Bei den Worten des Evangeliums, dies Gewitter soll
weichen', wird das Gewitter sofort aufhören, wenigstens wenn es infolge von Behexung hervorgebracht worden ist. Das wird als durchaus
wahrer und nicht verdächtiger Versuch beurteilt; denn gerade der Umstand, dass die drei Körner ins Feuer geworfen werden, würde, wenn es*

*ohne Anrufung des göttlichen Namens geschähe, für abergläubisch er-
achtet werden.“*

Die Autoren zitieren Nider, der ebenfalls ein probates Mittel gegen Gewitter weiß: *„Aus diesem Grunde werden im ganzen Lande oder in der Gemeinde die Glocken in der Kirche gegen die Luft geläutet (...) damit die Dämonen wie vor den Gott geweihten Posaunen fliehen und von ihren Behexungen absehen.“* Die Messnerin von Sankt Christanzen jedenfalls fürchtet die „große Glocke“, und sie ist mit dieser Furcht nicht allein. Übrigens: Der Brauch des „Wetterläutens“ hat sich in unseren Dörfern bis heute gehalten. Gerade Völs ist ein tönendes Beispiel, wie sich bei jedem Gewitter ab einem bestimmten Härtegrad zeigt. Zum Unwillen mancher Gäste, denen das partout nicht eingehen will.

Um dieses Kapitel abzuschließen...

...das, wie angekündigt, recht ausführlich ausgefallen ist:
Dieses Hintergrundwissen ist unerlässlich für das Verstehen der magischen Vorstellungswelt, die zur Zeit der Hexenverfolgungen grassierte. Stellen Sie sich vor, wenn Gelehrte, wir würden sie heute Wissenschaftler oder meinetwegen Wissenschafter (wenn auch „nur“ der Theologie) nennen, von derartigen Dingen überzeugt waren: Ja, wie dachte denn dann das normale, nicht-gebildete, „gemeine Volk“? Wie hätten Sie und ich damals gedacht, geglaubt, empfunden, ge- und verurteilt? Es wird nachvollziehbar, dass die Doktoren der Theologie, die den Hexenjägern das gedankliche und verfahrenstheoretische Instrumentarium für die Hexenjagd zur Verfügung stellten, selber nichts anderes waren als „Kinder ihrer Zeit“, überzeugt wie alle anderen von der Existenz von Hexen und Unholden, Dämonen und − dem Teufel. Ihre Durchschlagkraft erklärt sich wohl aus ihrer Überzeugung, ihrem Sendungsbewusstsein, der scholastischen Bildung, ihrem menschen-, vor allem frauenverachtenden Ansatz − und durch die Tatsache, dass sie mit der geballten Machtladung der Kirche und des Staates operieren konnten.

Des Hexenhammers explosiver dritter Teil:
Die Prozessordnung

Wenden wir uns dem dritten Teil zu, der deshalb so umfangreich ist - in der dtv-klassik-Ausgabe 228 Seiten - will er doch auch den weltlichen Organen ein Werkzeug in die Hand legen, mit dem sie ihrerseits kriminologisch und inquisitorisch aktiv werden konnten. Die bisherige Praxis war auf Seiten des weltlichen Rechts theoretisch vergleichsweise dürftig untermauert. Einmal gab es da die alten Volksrechte und Elemente des spätantiken Kaiserrechts, in diesem Zusammenhang die gerichtliche Verfolgung von Schadenzauber, ein Rechtssystem, das mit drakonischen Strafen nicht eben geizte. Das Gerichtsverfahren war summarisch, Anklage- und Richteramt waren nicht getrennt.

Die Ketzerei - gleichgesetzt mit Majestätsbeleidigung

Friedrich II. übernahm das kanonische (kirchliche) Inquisitionsprozessverfahren (1231), wonach eine Gleichsetzung des Ketzereivergehens (Verschwörung gegen Gott) mit dem Verbrechen der Majestätsbeleidigung erfolgte. Folter bei Schwerverbrechen inklusive Verbrennung wurde dabei dem alten Römischen Recht entnommen – wir erinnern uns an die Vorliebe der römischen Justiz fürs Kreuzigen und Verbrennen. Gern übernahm die weltliche Macht den Inhalt der Bulle „SUPER ILLIUS SPECULA" von 1326, demzufolge nun auch Schadenzauber als Ketzerei zu ahnden sei. Autor: Papst Johannes XXII. Wir sind diesem Herrn auf unserer unappetitlichen Reise schon begegnet. Der Hexereibegriff wurde ausgebildet und es wurde ihm ein theologisches sowie rechtliches Fundament verpasst. Man sieht: Kirche und Staat zogen am selben Strick (fallweise gab es durchaus Meinungsverschiedenheiten. Meistens ging es dabei ums Geld, mittelalterlich gesprochen: um Grund und Boden).

Hexenhammer: Verfahren und Prozeduren

un sind wir also beim **Malleus Maleficarum**, dem **Hexenhammer** angelangt. Dieser wurde von der kirchlichen, nicht minder aber auch von der weltlichen Seite regelrecht „gefressen". Endlich hatte einer (hatten zwei) ein System geliefert, das man wie die Bedienungsanleitung einer Waschmaschine -, sagen wir besser: einer Hackschnitzelmaschine – zielgenau einsetzen konnte. Mit „zuerst muss man… dann weiter…" Sie kennen das. Dabei wirkt das Kapitel recht seriös:

Erste Frage: Über die Art, den Prozess zu beginnen. Zweite Frage: Von der Anzahl der Zeugen. Dritte Frage. Über den Zeugniszwang. Vierte Frage. Von der Beschaffenheit der Zeugen. (…) Siebente Frage: Ob die Angeklagte einzukerkern, und wann sie für eine offenkundig in der Ketzerei der Hexen Ertappte zu halten sei. (…) Dreizehnte Frage: Von dem, was der Richter vor der Vorlegung von Fragen in der Kerker- und Folterkammer zu beachten hat. Vierzehnte Frage: Über die Art, die Angezeigte zu den peinlichen Fragen zu verurteilen und wie sie am ersten Tage peinlich zu verhören sei, und ob man ihr die Erhaltung des Lebens versprechen könne. Weiter: Über die Fortsetzung der Folter; wie sich der Richter gegen die Behexung schützen kann; von der zweiten Art des Verhörs; über die Art, das Urteil zu fällen (es werden 18 Arten aufgezählt); über eine von einer anderen, eingeäscherten oder einzuäschernden Hexe angezeigte Person, wie über die das Urteil zu fällen sei…

Hexenhammer:
Im Reißwolf des scholastischen Verhörs

Ist Ihnen die demonstrative Objektivität der gestellten Fragen ins Auge gefallen? Alles geht den scholastischen, den sauberen Weg: Hauptsache, die Formalismen stimmen und es wird genügend Haarspalterei betrieben. Punkte, Unterpunkte, sich verästelnde Punkte, voneinander abhängige, aufeinander bezogene... Man stelle sich die durchschnittliche Beschuldigte der damaligen Zeit vor: Sie ist Tagwerkerin, Sennin, Bäuerin, kann weder lesen noch schreiben. Sie ist es nicht gewohnt, vor anderen, etwa gar vor Amtspersonen zu sprechen und ihre Darstellungen, wenn sie den konkreten Rahmen ihrer Vorstellungswelt verlassen, zu formulieren. Ihr fehlen das Vokabular, die geistige Wendigkeit, die Fähigkeit zur Argumentation. Auf der anderen Seite stehen die scholastisch geschulten Doktoren der Theologie, gewandt, frauenverachtend, überheblich, von sich und der Unersetzbarkeit ihrer Person, der Richtigkeit ihrer Sichtweisen zutiefst und unhinterfragt überzeugt. Sie sind zynisch und hinterhältig, geben mitunter Versprechen ab, um ein Geständnis zu ergaunern, arbeiten mit Tricks, die deshalb legal seien, weil es ja darum gehe, den „Vater aller Lügen", den Satan selbst, auszutricksen. Die Frauen haben keine Chance. Niemand hat eine Chance, der einmal in das unerbittliche Räderwerk der Inquisition geraten ist.

„Hexenhammer": Verteidigung? Na ja, irgendwie... und doch nicht...

Es gibt sie, die Möglichkeit der Verteidigung, sie ist aber ein Problem. *„...weil von dem Advokaten oder Prokurator, wenn er falsch vorzugehen bestrebt ist, die meisten Gefahren auszugehen pflegen. Daher muss ihn der Richter durchaus zurückweisen und gemäß den Akten und Beweisen vorgehen, wenn der Advokat tadelnswert gewesen ist."* Alles klar. Wenn der Advokat den Hexenrichtern widerspricht, wird er günstigenfalls des Raumes verwiesen, im schlimmeren Fall aber seinerseits in die Mangel genommen, hat er sich doch zum Advokaten des Teufels selbst gemacht. Anklänge an den Volksgerichtshof der Nationalsozialisten drängen sich auf, an Junta-Prozesse, Schein- und Schauprozesse welcher Couleur auch immer.

Der „Hexenhammer" erfuhr von 1487 bis Mitte 1520 13, zwischen 1574 bis 1669 weitere 16 Auflagen, aber das habe ich schon erwähnt. Was ich nicht erwähnt habe ist, dass der dritte Teil des „Hexenhammers", der sich ja um Verfahrensfragen dreht, in Ulrich Tenglers „LAYENSPIEGEL" eine deutsche Übersetzung fand. Nun konnte sich auch der des Lateins nicht mächtige Richter, und das beherrschte er in der Regel nicht, im Sinne Institoris' nach Lust und Laune austoben. Dieses als Handbuch konzipierte Werk stellte einen kochbuchartig aufgebauten Leitfaden für alle hexischen Angelegenheiten dar.

Die verfahrensrechtliche Praxis im Einzelnen

Das Gericht war gemischt (weltlich-kanonisch), bei uns in der Grafschaft Tirol ab dem Ende des 15. Jahrhunderte rein weltlich. Die Kirche plagten andere Sorgen (die sich anbahnende Reformation), und der Druck, Hexen auszuforschen und Prozesse abzuhalten, kam immer häufiger aus der Basis, von der Bevölkerung. Von nun an hing alles davon ab, wie der Landes- und Gerichtsherr zur Gefahr, die angeblich von Zauberei und Hexerei ausging, stand. Wir werden noch sehen, dass gerade der für die Völser Gerichtsbarkeit zuständige Gerichtsherr und Landeshauptmann Leonhard von Völs auch in dieser Hinsicht eine harte Linie fuhr. Er regelte nicht nur die weltlichen Angelegenheiten in seinem Gerichtsbezirk, sondern zunehmend auch die kirchlichen, und das in einem Herrschaftsstil, den man später einmal „absolutistisch" nennen wird. Die Beschwerden, die im Zusammenhang mit den Bauernaufständen beim Meraner Landtag Ende Mai 1525 von Seiten der Völser Gerichtsgemeinde vorgebracht wurden, betrafen vor allem seine Person. Heftige Vorwürfe äußerten sie gegen Leonhards untertanenfeindliches Regiment und sein flächendeckend autoritäres Vorgehen.

Aber auch „Freund" Maximilian (haben Herrschende Freunde?) zeigte sich in der von ihm verabschiedeten Landesordnung in Sachen Folter und Todesstrafe äußerst großzügig. Den jeweiligen Landesherren wurde geraten, in dieser Sache auf ihre Untertanen und auf die Stimmung unter ihnen zu hören. Der im ländlichen Volk tief verwurzelte Hexenglaube verlange als Antwort auf unerklärliche Vorfälle ein drakonisches Vorgehen. Vielfach wurden eigene Hexen-Kommissare eingestellt.

Die Hexenprozesse verliefen in der Frühen Neuzeit
nach folgendem Muster:

1. Anklage

Zumeist erfolgte die Anklage durch Denunziation – damaliger Sprachgebrauch: *Besagung*, oft durch eine bereits inhaftierte Person. Dadurch unterschied sich der Prozesstyp „Inquisitionsprozess" vom „Akkusationsprozess", der Zivilverbrechen ahndete und zumeist in vergleichsweise geregelten Bahnen verlief.

2. Inhaftierung

Die Völser Frauen waren mit großer Sicherheit im Gefängnisbereich von Schloss Prösels untergebracht, entweder auf dem „Pulverturm" oder im Äußeren Rundturm, wo sie von Kerkerknechten beaufsichtigt wurden. Eine der in Gewahrsam genommenen Frauen, die Breinin, wird in einem Bericht vor dem Turm unter Aufsicht eines Wärters wartend erwähnt, die andere, Anna Mioler, spricht von einem Besuch des Teufels „im Turm".
Die Verliese waren laut Berichten aus anderen Gerichten in einem vorsätzlich ekelhaften Zustand gehalten, um die „Delinquentin" schon vor Prozessbeginn seelisch zu zermürben. Unrat bedeckte den Boden, es gab keinerlei wie auch immer geartete sanitäre Vorrichtungen, eine Strohschütte diente der Inhaftierten als Lager.

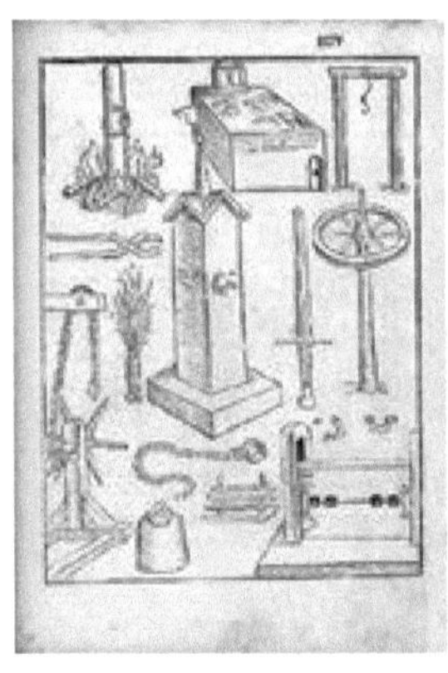

3. Verhör

Man unterschied dabei in der Regel drei Phasen: **die gütliche Befragung, die Befragung mit Vorzeigen und Erklären der Folterinstrumente und schließlich die peinliche Befragung,** bei der die Folter („Marter") angewandt wurde. Vom reichhaltigen Repertoire, das einem ausgebildeten Henker zur Verfügung stand, wurden in Tirol „lediglich" die Daumenschrauben, die „kluege Schnur" und das „Aufziehen" eingesetzt. An und für sich war es üblich, die Folter höchstens dreimal anzuwenden. Bei Hexenprozessen, bei denen es sich ja um ein „crimen exceptum" – ein „Ausnahmeverbrechen" – handelte, galt diese Einschränkung nicht. Im „Hexenhammer" wird dazu geraten, die Wiederaufnahme der Folter, die ohne neue Beweislage nicht vorgesehen war, einfach als Fortsetzung zu deklarieren; damit war sie „legalisiert".

Nach einer religiösen Zeremonie wurde ein vorher ausgearbeiteter, quasi „standardisierter" Fragenkatalog abgearbeitet: *Wann, wo, wie hat sie sich dem Teufel versprochen? In welcher Gestalt hat er sich ihr gezeigt? Hat sie Gott, der Jungfrau Maria und den Heiligen abgeschworen? Wie und wie oft hat sie mit dem Teufel verkehrt? Wie oft war sie bei Hexenflügen und Hexensabbaten dabei? Hat sie dabei eine besondere Rolle eingenommen?* (damaliger Sprachgebrauch: Anrede in der unpersönlichen dritten Person). Und so weiter und so fort, einmal mit, dann ohne „Marter".

4. Hexenproben

Wasserprobe, Feuerprobe, Nadelprobe, Tränenprobe, Wiegeprobe wurden in Tirol nicht angewandt.

5. Geständnis

Ohne Geständnis keine Verurteilung. Der uneingeschränkte Einsatz der Folter führte mit größter Sicherheit zum gewünschten Ergebnis.

6. Befragung nach Mitschuldigen

Diese Phase ist verantwortlich für die epidemische Ausweitung der Hexenverfolgungen in der angebrochenen Neuzeit. Besonders eskalierte sie im Deutschen Reich im Jahrhundert von 1560 bis 1660. Die „Theorie": Nachdem es sich bei der „Hexenpest" um eine Art Sekte handele und die Hexen gemeinschaftlich zum Schaden der katholischen Kirche operierten (siehe die expliziten Geständnisse der Völser Frauen), müssten sie zwingend auch ihre Mitgenossinnen kennen. Nach jedem Folterdurchgang wurde die Liste der „Besagten" wie von Zauberhand länger, das Resultat waren regelrechte Kettenprozesse. Besonders anrührend ist die Stelle im „Geständnis" der aufs schwerste belasteten Anna Mioler, in der sie sagt, *„der Teufel sei auch allweg vor ihr gestanden, damit sie die Leute nicht kennen hab' mögen"*, um die ohnedies schon ellenlange Liste der Besagten nicht noch weiter zu strecken.

7. Verurteilung

Sie ging unmittelbar nach Verlesen der „Urgicht" (Geständnis) und dem Schwur der Angeschuldigten, dass es damit ihre Richtigkeit habe, im Brechen eines Stabes durch den Richter in die

8. Hinrichtung

über, die durch Verbrennen auf dem Scheiterhaufen, dem „Holzkasten", erfolgte. Als strafmildernd galt die vorhergehende Enthauptung, Erdrosselung oder das Umhängen eines Pulversäckchens an der Herzgegend, das in Tirol nach anfänglichem Zögern – gegen Bezahlung – allgemein üblich wurde. So befürchtete etwa die Breinin, dass man ihr bei einem Schuldspruch *„das Habt (Haupt) Abschliege"* (zitiert nach Hj. Rabanser), was zeigt, dass diese Praxis auch bei den Völser Prozessen in Anwendung gekommen sein könnte. Die Asche der/des Toten wurde anschließend in alle Winde zerstreut. Bestimmt gab es auch hier wie von anderen Hinrichtungen bekannt clevere Andenken-, Reliquien- und Kuriositätensammler, die sich die Asche (genauso wie das beliebte so genannte Armesünderfett, das wie heute der Schwedenbitter oder meinetwegen das Aspirin für alle Unbilden Anwendung fand, sowie andere Relikte Hingerichteter) aneigneten und für ihre Zwecke etwa zum Abwehren von Schadenzauber verwendeten oder diese als Heilmittel auf dem Markt feilboten.

*Wie sah im Lichte (besser: im Dämmer) dieses Ablaufschemas
die Situation in Völs aus?*

Im Prozess 1506 wird als Richter Berchtold von Lafay (aus dem Kastelruther Edelgeschlecht der Lafay, die über lange Zeit das Richteramt in Kastelruth innehatten) mit folgenden Geschworenen genannt:

Hans Mair, Niklas Vollungaur, Niklas Progfaller, Leonhart Schneider (Geschädigter?), Leonhart Grafayer (Geschädigter), Veit Haselrieder, Peter Vasan, Siml Mayr (Geschädigter), Baltasar Varaser, Leonhart Raimrecht, Michl Tschoy.

Im Prozess von 1510 ist offensichtlich ein anderer Gerichtsschreiber am Werk – oder Herr Leonhard hat sich auf Grund der inzwischen weiter angehäuften Standesehren (und Besitztümer…) im Vergleich zum vorhergehenden Prozess einen devoteren Stil ausbedungen. Er selbst war zu diesem Zeitpunkt wohl in seines Kaisers Diensten in einem Kriegszug gegen die aufmüpfige Republik Venedig engagiert. Der Richter: Lienhart (es ist sicher nur ein Zufall, dass so viele männliche Vornamen mit dem des Gerichtsherrn und Landeshauptmanns übereinstimmten…) Peysser (au weia, Beißer! Das kann ja noch heiter werden…) *„des edlen wohlgebornen Herrn Lienhart, Herrn zu Völs, Hauptmann an der Etsch und Burggraf zu Tirol, Malefizrichter zu Völs".* Berchthold von Lafay ist inzwischen von Leonhard wegen einer Kontroverse geschasst worden. Anwesend waren die Geschworenen Hans Moser (wohl nicht der, an den Sie womöglich denken), Lienhart Grafayer, den kennen wir schon, Michl Wolfram, Niklas Flunger, Niklas Progfaller, Lienhart Vedner, Bartl Peitschgaller, Lienhart Schneider (ein Dauer-Geschworener), Niklas Salmseiner, Reimprecht Partschiller und Peter Vasan (auch schon bekannt).

Es ist aber wohl irrig anzunehmen, die Geschworenen hätten ihr Amt aus lauter Freude an den abstrusen Geständnissen, am Foltern und

Verbrennen übernommen. In den Regesten vom 3. Dezember 1499 lässt sich folgende Stelle finden:

„Königliche Majestät an alle seine Hauptleute, Grafen, Freiherrn, Ritter, Knechte, Pfleger, Landrichter und Richter: Viele ‚unnderthanen‘ seiner Königlichen Majestät wollen aufgrund von ‚diennst oder annder freybrieff der Königliche Majestät‘ den Richtern und Bürgermeistern nicht als Gerichtsbeisitzer oder für andere Notwendigkeiten zur Verfügung stehen. Seine Königliche Majestät befiehlt, in allen Gerichten zu verkünden, dass jedermann ungeachtet seines Dienst- oder Freibriefes den Richtern und Bürgermeistern als Gerichtsbeisitzer und auch sonst gehorsam und gewärtig zu sein hat. Innsprugg, Erichtag vor st. Barbaren tag 1499“. – Man sieht daran, dass die Geschworenen zu diesem blutigen Handwerk „motiviert“ werden mussten.

Das ist jetzt wohl der geeignete Platz (gibt es dafür einen geeigneten Platz?), um das obskure Berufsbild des Henkers näher ins Auge zu fassen. Kinder unter 14: Erledigt inzwischen die Hausaufgaben…

„Unser“ Meraner Scharfrichter

Seit 1497 – zum Zeitpunkt des ersten Völser Hexenprozesses (1506) also damals seit 9 Jahren – gab es in der Grafschaft Tirol nun gleich zwei Scharfrichter. Einer „residierte“ nach wie vor in Meran und bezog seinen Grundlohn aus dem, was man den Reisenden und Händlern auf der Töll (Zollstelle in den Vinschgau) abknöpfte. Der andere „wirkte“ in Hall. Dort war es sicher nötig, Präsenz vor Ort zu zeigen, sorgten doch die Haller Salzpfanne und nicht unweit davon der gigantische Schwazer Silberbergwerksbetrieb für einen nicht abreißen wollenden Strom an „anpassungsunwilligen“ Klienten: Die aus internationalen „Beständen“ zusammengewürfelten Haufen von Bergleuten waren alles eher als introvertierte Waisenknaben, sondern hauten, sobald sie „ober Tag“ waren, ordentlich auf den Putz.

Zurück nach Meran.

Der erste Meraner Scharfrichter wurde 1488 bestellt und hieß Gilg von Rodem. Dieser Gilg – der Vorname erinnert in lautlicher Hinsicht fatal an seine Werkbank, den „Galgen" – wurde 1509 abgelöst von Franz Wagner, der es nur ein Jahr in dieser, sagen wir, einschneidenden Position aushielt. 1510 folgte ihm Klaus Seckler. Schlechte Zeiten drohten den Henkern im fernen und für uns Andreas-Hofer-Freunde doch nicht so fernen Jahr 1776: Damals wurde in Österreich, also auch bei uns, die Folter abgeschafft. Nicht gut für die Henkerszunft. Das vollständige Aus traf den letzten Scharfrichter F.M. Putzer mit der Abschaffung der Todesstrafe 1787. Er musste fortan ein erbärmliches Dasein fristen und mit einem Hungerlohn, bezahlt aus der Armenkasse, auskommen. Dabei war er damals, als er arbeitslos wurde, gerade mal 37 Jahre alt. Übrigens war es sein Bruder, der 1778 in Kastelruth eine der letzten Hinrichtungen in seinem Amtsbezirk durchführte.

Das Renommee eines Henkers

Vielleicht fragen Sie, warum sollte man vor Mitleid zerfließen, wo es sich

bei unserem Henker doch um einen Herrn mit beruflicher Qualifikation, noch dazu im besten Alter, handelte. Er hätte doch problemlos ein passendes anderes Betätigungsfeld finden können. Da haben wir's: Eben nicht! Die Henkerei war eine absolut notwendige Einrichtung – zumindest in der Rezeption der Obrigkeit – aber eben ein Übel, ein notwendiges. Ein Henker hatte auf dem Arbeitsmarkt null Chancen. Die stereotype Frage bei einer Bewerbung war bestimmt damals dieselbe wie heute: Was hat Er denn gemacht bisher? Na, dann antworten Sie einmal, ohne zu erbleichen, mit einem Rest von Selbstbewusstsein und sagen Sie fest und sicher: Henker. Ich habe das Köpfen im Liegen und Stehen gelernt, das Aufknüpfen, sämtliche zugelassene Folterarten. Ich kann – Rumms, raus. Das war's. Henker, praktizierende wie gewesene, haben ein schlechtes Renommee. Bringen Unglück. Blut klebt an ihren Händen und lässt sich partout nicht abwaschen, soviel man auch schrubben mag.

Dem Kollegen Rodem erging es 300 Jahre zuvor vermutlich nicht viel besser, was den Ruf anbelangt und den Radius, in dem man ihm wo auch immer auswich. Wenn er beim Foltern und Hinrichten nicht Kontakt zumindest zu „seinen Delinquenten" gehabt hätte, wäre seine Kontaktbilanz überhaupt auf null gestanden. Seine Söhne und Töchter wurden mit Mitgliedern eines der anderen unehrenhaften Gewerbe verheiratet oder gingen als Unternehmer entsprechenden Beschäftigungen nach (manche führten ein Bordell). Wenn Rodems Frau beim Einkaufen auf dem Markt unabsichtlich eine andere, ehrenhafte, streifte, war das für die eine mittlere Katastrophe. Reinigung in der Kirche, Säuberung mittels Waschbrett, Mangel und Aschenlauge. Schlimm.

Der Henker auf der „Schtear" (Walz)

Glauben Sie nicht, dass mir dieses Kapitel besonders zusagt; wenn ich mitunter einen legeren Ton anschlage, ist das nur der sprichwörtliche Galgenhumor, keinesfalls Mangel an Pietät. Zudem denke ich, dass es dem Verständnis der damaligen Umstände dient, wenn wir uns auch mit dieser dunkelsten aller düsteren Kapitel des frühen 16. Jahrhunderts beschäftigen. Und unser Thema ist ja von vornherein eins, das im Umfeld des Strafvollzugs operiert. Es geht nun einmal um erzwungene Schuldeingeständnisse, um Verurteilung, um Hinrichtung.

Man stelle sich einmal den Henkerskarren vor, wie er, gezogen von ein, zwei Maultieren, die staubige Straße von Meran nach Blumau und über den Kuntersweg nach Breien und weiter nach Prösels bewältigte. Das Scheppern und Klappern der Foltergeräte, das Fluchen des Burschen

*oben auf dem Bock. Dann machte er bei einem Schmied Halt und ließ da
ein Gewinde reparieren, dort ein gebrochenes Scharnier ersetzen, alles
das, was die betriebseigene Werkstätte nicht selbst zu reparieren in der
Lage war. Und dann weiter zum Wagner, der ihm einen Holm austauschen sollte, der dem Lehrburschen in ungeschickter oder übereifriger
Ausübung des Dienstes zu Bruch gegangen war.*

Die berufliche Qualifikation; des Züchtigers Kollektivvertrag

Man kann sich weiter ausma-
len, dass die Reduzierung des Salärs
durch die Einrichtung der Filiale in
Hall den Henker veranlassen
mochte, mit der Tortur ja nicht zu
früh zum Ende zu kommen. Akribi-
sches Werken und die Ausdehnung
des Folterns und Quälens über einen möglichst langen Zeitraum si-
cherten ihm eine lukrative Zusatz-
entlohnung über das fixe Gehalt
hinaus, das ihm das Zollamt an der
Töll ausbezahlte. Manche der zeit-
genössischen Betriebe sind nicht
von gestern und kennen den Trick.

Wenn Sie denken, Henker könnte ja jeder Dahergelaufene werden,
der nur irgendwie mit Messer, Schwert, Beil und so weiter umzugehen
versteht und die erforderlichen Charaktereigenschaften besitzt, liegen
Sie, wie angedeutet, falsch. Einen Metzger, beispielsweise, hätte man
für diesen Job gar nicht genommen. Der Beruf des Züchtigers, Scharf-
richters, Nachrichters, war ein penibel von Grund auf gelerntes Handwerk. Auf die Guillotine beispielsweise oder auf den Elektrischen Stuhl
hätte ein Facharbeiter à la Rodem nur verächtlich heruntergeschaut. In

Tirol wurden grundsätzlich nur voll ausgebildete Scharfrichter beschäftigt, die schriftliche Referenzen vorweisen konnten. Zusätzlich musste der Bewerber ein Meisterstück abliefern; heutzutage wäre er bestimmt Mitglied im Südtiroler Handwerkerverband. Hatte der Bewerber bei drei Probehinrichtungen in verschiedenen Disziplinen gezeigt, was in ihm steckt, erhielt er die Lizenz zum „Martern" und Töten (007 lässt grüßen). Die Lehrzeit hatte der frisch gekürte Meister wohl bei seinem Vater absolviert, das war der Normalfall.

Was verdiente man eigentlich so als Scharfrichter? wäre eine denkbare Schülerfrage. Lapidare Antwort: Nicht schlecht. Der Meraner Scharfrichter strich im Jahr 100 flRh (Gulden rheinisch) ein, solange er noch alleine, also ohne den Haller Konkurrenzbetrieb, operierte; danach sank das Grundgehalt auf 80 flRh. Eine Hinrichtung brachte 3 Gulden, dazu kamen 2 Pfund Berner (das sind 24 Kreuzer) Taggeld und 6 Kreuzer Weggeld pro zurückgelegte Meile (von Meran nach Völs sind das also satte 6 Gulden zusätzlich). Die Handschuhgebühr warf weitere 48 Kreuzer ab; es wurde aber üblich, dem Züchtiger zu jeder Hinrichtung ein Paar frische Handschuhe zu reichen. Er sollte sich bei dem Geschäft ja nicht die Hände schmutzig machen (wahrscheinlich war das im gegenständlichen Sinn gemeint). Die Schweizer, die sich erst von den Habsburgern abgekoppelt hatten und im Vinschgau ordentlich aufmischten – Glurns wurde im Engadiner Krieg 1499 beinahe zerlegt – hatten schon damals ein weit höheres Lohn- und Preisniveau. Der Meraner Richter konnte sich bei einem Auftrag im Oberengadin allein für eine einzige Hinrichtung eine goldene Nase verdienen: 10 Gulden für einen glatten Schnitt wurden ihm in die treffsichere Henkershand gelegt, nicht mitgerechnet die diversen Zusatzgebühren für geleistete Extras.

Es wäre müßig und würde das Gemüt sinnlos strapazieren, würden wir hier sämtliche Folterarten mit den entsprechenden Tarifen auflisten. Darum geht es hier nicht. Wohl aber interessieren im gegenständlichen Rahmen folgende Beträge, die einer Hinrichtung in Kastelruth (Verbrennung Peter Insams wegen Brandstifterei 1778) aus einer viel späteren Zeit entlehnt sind, aber in etwa vergleichbar sind mit den Bezügen aus der Zeit des angehenden 16. Jahrhunderts. Geändert haben sich jedoch natürlich die Kaufkraft des Guldens und der Kreuzer. Eine damalige Hinrichtung kam die zuständige Obrigkeit summa summarum 33 Gulden und 48 Kreuzer zu stehen (1 Gulden = 60 Kreuzer).

Dienstleistung	Kosten
• Einschüchterung durch Zeigen der Folterwerkzeuge	2 Gulden 30 Kreuzer
• Leihgebühr für Daumenschraube	1 Gulden
• Tortur	5 Gulden
• Errichten des Scheiterhaufens	9 Gulden
• das Hinausführen zur Richtstätte	2 Gulden
• Verbrennen	4 Gulden
• Lohn für einen Knecht	3 Gulden

Die hier aufgeführten Zahlen haben ohne Vergleichswert für sich genommen kaum Aussagekraft. Es ist andererseits äußerst schwierig, an Vergleichszahlen zu kommen. Und die zeitbezogenen Grundbedürfnisse und das damalige Warenangebot sind natürlich nicht unbedingt deckungsgleich mit den unseren; trotzdem soll der Versuch unternommen werden, durch Auflistung einiger Dinge die Höhe des Henkersgehaltes zu veranschaulichen.

Ein Pferd kostete zur damaligen Zeit 15 flRh (Gulden rheinisch), eine Kuh
2. Ein „slecht vischmal" (einfaches Fischgericht, Fisch mit Kraut und
Wein und Brot) kam 8 Kreuzer. Die Stallmiete für ein Pferd betrug 3
Kreuzer. 1 Fuder Haller Salz kostete einen Gulden rheinisch, ein einfacher Harnisch 18.
Beispiele für jährliche Löhne und Entschädigungen: Ein Forstknecht bezog etwa 12 bis 40 Gulden je nach Ausmaß des betreuten Gebietes; der
königliche Türhüter erhielt 50 Gulden, des Kaisers persönlicher Sekretär
100. Leonhard von Völs bezog ein stattliches Gehalt von 800 Gulden
jährlich für die Burghut in Meran und für seine Funktion des Landeshauptmanns. Soweit aus den Regesten ersichtlich ein absolutes Spitzen-
gehalt, das kaum ein anderer erreichte.

Der Prozessverlauf

Vielleicht haben Sie schon an einem Prozess teilgenommen, als in-
teressierter Zuschauer, als Zeuge oder, was Ihnen natürlich weniger zu
wünschen ist, als Angeklagte/r. Wenn nicht, haben Sie tagtäglich im
Fernsehen Gelegenheit, mehr oder minder gut gespielte Prozesse zu
verfolgen. Da gibt es eine Richterin, die sich alles anhört und manchmal
bei verbalen Entgleisungen mäßigend oder drohend interveniert. Dann
ist da ein cholerischer Staatsanwalt, der dem Angeklagten von vornherein alles zutraut, nur nichts Gutes. Und als Dritter ist da noch ein Verteidiger im Spiel, der von Amts wegen für seinen Mandanten Position
bezieht. Zeugen werden vorgeladen und einvernommen und sie müssen schwören, ganz bei der Wahrheit zu bleiben. Die Anklage des Staats-
anwalts in Vertretung des Staates, Zeugenaussagen, Aussagen des Angeklagten, Beweismittel der Anklage, Beweismittel der Verteidigung,
Plädoyer hier wie dort, Urteilsverkündigung, Urteilsbegründung, Rekurs
(fast immer). So läuft ein Prozess heutzutage ab, transparent, nachvollziehbar. Der Richter ist strikt unparteiisch und spezialisiert auf ein be-

stimmtes Sachgebiet. Richter durchlaufen eine Laufbahn und sind fachlich qualifiziert sowie persönlich unbescholten. Der Consiglio Superiore della Magistratura (CSM) wacht darüber, dass kein Missbrauch mit der richterlichen Macht passiert. Für besondere Fälle stehen dem Gericht im Strafprozess Geschworene zur Seite. Hinter alledem steht die Verfassung, die die Rechte des Staatsbürgers garantiert. Ein wichtiges Element ist die Unschuldsvermutung: Ein Bürger ist solange als unschuldig anzusehen, bis ihm die Schuld zweifelsfrei nachgewiesen worden ist.

Vom herkömmlichen zum geschriebenen Recht

Zu Leonhards Zeiten gab es keine Verfassung. Oder es gab doch eine: die jeweilige <u>Gemüts</u>verfassung des Gerichtsherrn, seine Laune, getoppt mit Elementen aus herkömmlicher Rechtsauffassung ergänzt durch die neue Tiroler Halsgerichtsordnung von 1499, abgeschwächt durch – und so weiter. 1532 wird Kaiser Karl V. eine „Peinliche Gerichtsordnung", die CAROLINA, erlassen, die sich im Artikel 109 auch des Verbrechens der Zauberei annimmt. Das Neue daran: Nun soll die Todesstrafe „mit dem feur" nur mehr dann verhängt werden, *„so jemandt den leuten durch zauberey schadenn oder nachteill zufuegt."* Karl V. führte in Anlehnung an den gemeinrechtlichen Zivilprozess den „processus ordinarius" ein, der unter anderem die Verteidigung der Angeklagten genau regelt. Aber noch ist es nicht soweit. Zurück in die vor-carolinische „Gegenwart" des frühen 16. Jahrhunderts:

Die Richter dieser Epoche waren, aus heutiger Sicht, katastrophal un-, also nichtgebildet. Aber sie waren sozusagen aus gutem Haus bzw. von gutem Hof, grundherrliche Gewährsleute und ihrem Gerichtsherrn in der Regel treu ergeben. In ihrer gerichtlichen Praxis griffen sie aus Gründen fehlender Gesetzeskundigkeit zu Ulrich Tenglers Layenspiegel, mithin zum, nennen wir ihn ruhig „Volkshammer". Das ist der in deutscher Sprache unter die Leute gebrachte „Hexenhammer für Unbedarfte", das bereits zur Genüge zitierte Vademekum der Hinrichtungs-Sammler und Hexen-Terminatoren. Nicht unterschätzt werden darf nach Recherchen unterschiedlicher Autoren der Umstand, dass Richter sehr oft „nach Erfolg" entlohnt worden seien: keine Verurteilung - kein Cash. Oder anders herum: viel Verurteilung - viel Cash. Das wird sich entsprechend „motivierend" ausgewirkt haben.

Eigentlich waren 12 Geschworene angesagt – wie im berühmten Film von und mit Henry Fonda; erstaunt zähle ich in beiden Völser Prozessen jeweils elf, wo die Halsgerichtsordnung doch expressis verbis „je einen Richter und zwölf Geschworene" vorsieht. Heutzutage hätte das Urteil wegen dieses Formfehlers keine Rechtsgültigkeit und die „Hexe" könnte unbehelligt ihren Rückflug womit und wohin auch immer antreten. Die Geschworenen wurden jährlich aus der Gerichtsgemeinde als „Ausschuss der Gerichtsverwandten", der zugleich als Geschworenenkollegium fungierte, gewählt.

Nur aus heutiger Gesetzeslage ist ein Geschworener, der gleichzeitig als Geschädigter, mithin als Kläger und schlussendlich als Mitglied des Richtergremiums auftritt, ganz und gar undenkbar. Damals war diese brisante Funktionsvermengung, die aufs Gröbste gegen den (damals noch nicht vorhandenen) Grundsatz der Gewaltenteilung verstößt, kein Thema:

Hans Mair, den Anna Jobst nennt (auf seiner Wiese sei ein Hexensabbat veranstaltet worden), befand sich im ersten Prozess unter den Geschworenen ebenso wie Peter Vasan, den Juliana Winkler als Geschädigten (dem Herrn waren Milch, Nüsse, Äpfel, Käse geklaut worden) anführt.

Alles ein bedauerliches Versehen? Keine böse Absicht? Auch die Messnerin von Sankt Christanzen findet unter den Geschworenen einen alten Bekannten aus „Hexentagen" vor: Im Prozess von 1510 sitzt einträchtig mitten unter ihnen Lienhart Grafayer, dem *„des Teufels Gespenst ein Wetter und Schauer gemacht (hat) mit großen Steinen aus zwei Fässern"*, wodurch ihm und zwei anderen Bauern – einer von beiden war Geschworener im ersten Prozess! - *„all ihr Wein und Getreid in den Boden zerschlagen und großer Schaden"* entstanden sei. Die Unparteilichkeit des Grafayer dürfte hier in diesem Prozess auf eine harte Probe gestellt worden sein...

Überhaupt stelle ich mir den Geschworenenjob als einen denkbar langweiligen vor: Der Ausgang des Prozesses steht eh fest, die „Geständnisse" ähneln sich bis auf einige wenige Beistriche und Punkte wie ein Haar dem anderen. Was ja auch bezweckt ist. Der Mechanismus: Um die „Besagung" mit harten Fakten zu untermauern, streut der Gerichtsdiener im Gefängnis beim Servieren des Eintopfs en passant ein paar Details von angeblichen Geständnissen anderer Mithäftlinge ein: Das auf der Herdplatte gebratene Kinderherz da, der Hagelschlag dort, ein wenig Milchzauber, die Hexenfete auf Burgstall, der Nachtflug zu einem Gerstenkaffee hinüber auf den Ritten... Und siehe da: Beim peinlichen morgendlichen Verhör reproduziert die Gepeinigte aufs Wort genau eben diesen Katalog an hexischen Missetaten! Ihr Geständnis findet seinerseits, wie praktisch, Anwendung als schlagender Beweis für Mittäterschaft und Komplizentum im Verhör der unter der Folter „besagten" Frau, die bisher noch nicht gestanden hatte...

Wenn es eine Zeitung gegeben hätte und wenn man der Kunst des Lesens mächtig gewesen wäre: Ich könnte mir vorstellen, dass der eine oder andere den Sportteil gelesen hätte, anstatt den zum endlosen Mal „mit und ohne Marter" gestandenen hexischen Missetaten zu lauschen. Kickers Ums gegen die Treter aus Aicha – fabelhaftes Spiel... Vielleicht war man aber auch bigott, vielleicht naiv oder krankhaft abergläubisch. Womöglich hat man sich einfach als überflüssig empfunden, deplatziert, wo daheim doch die Arbeit wartet und man eh alles schon weiß, alles was an Aussagen gekommen ist ebenso wie alles, was noch kommen wird. Der Fantasie sind eben Grenzen gesetzt, das war in der angehenden Neuzeit nicht anders als heute. Überall der unverkennbare Fleimstaler Model.

Sie vermissen den Verteidiger? Den gab es in der Praxis mit größter Wahrscheinlichkeit auch nicht. Dabei hätte es ihn, wie bereits ausgeführt, durchaus geben können, der „Hexenhammer" räumt quasi in einem Nebensatz einen solchen ein. Allerdings musste er, der Verteidiger, damit rechnen - Sie erinnern sich? - selber ins Räderwerk der Inquisition bzw. im Fleischwolf ihres laizistischen Ablegers zu geraten, wenn er im Eifer des Gefechts verdächtig engagiert verteidigte. *Ist Er etwa vom Teufel geschickt worden, um dessen Buhle aus dem Gefängnis zu entführen? Na?!* Wie auch immer: Es wird im Völser Fall kein Verteidiger namentlich angeführt noch auf einen solchen verwiesen.

Um die Reihe an Absurditäten abzuschließen:

Das Crimen Exceptum (Ausnahmeverbrechen) als rechtsfreier Raum

Es handelte sich bei den Hexenprozessen ganz offen um institutionalisierte Fälle von Präjudizierung: Das Urteil stand von vornherein fest! *Lasciate ogni speranza, voi che entrate.* Man operierte im rechtsfreien, im rechtlosen Raum, in dem alle juridischen und moralischen Restriktionen oder Bedenken aufgehoben waren, die bei zivilen Strafsachen auch in der damaligen Zeit doch irgendwie beachtet worden waren. Man sah Gefahr in Verzug, es gab erwiesenermaßen einen Teufelspakt, also das Vergehen der Kategorie Ketzerei mit Kindsmord gepaart mit Diebstahl unter erschwerenden Umständen. Nicht zu vergessen die Bandenbildung. In der Straftat des Schadenzaubers lag ein Delikt mit materieller Schädigung vor, die Dritten zugefügt worden war. – Halt: Lag das alles vor? Aber ja doch - auf Grund von Verleumdung, was vollauf reichte. Der „Hexenhammer" hält noch einen weiteren Schlag bereit, mit dem der letzte Rest eventuell noch verbliebener „Rechtsstaatlichkeit" zerschmettert werden sollte: Ein „Besagter" konnte mit außerordentlichen Mitteln (willkürliche Inhaftierung, unbeschränkte Anwendung der Folter auch nach dem „Geständnis") zur Erpressung von „Besagungen" außerhalb jedes Rechtssystems „behandelt" (genauer: misshandelt) werden. Eine Denunzierung genügte, den Betreffenden vor ein Sondergericht zu stellen, das durch sein ausgeklügeltes Befragungssystem auf jeden Fall die Verhaftung, Festsetzung, peinliche Befragung rechtfertigen wird. Das Sondergericht produzierte sich seine „Kunden" selber, ohne Wenn und Aber und in beliebiger Anzahl. Einmal angestoßen konnte die Denunziationswelle endlos weiterlaufen bis zum Genozid. Dass es wohl zu einem katastrophalen Aderlass, nicht aber zur völligen Ausrottung ganzer Bevölkerungsteile kam, ist ein Verdienst einmal der „Claudiana"(die Gerichtsordnung Kaiser Karls V. von 1532), die das Verbrechen der Zauberei in zwei Arten aufspaltete: In eins mit, in eins ohne materielle Schädigung Dritter. Zum größeren Teil war es aber auf die mutigen Publikationen einiger Autoren wie Tanner, Friedrich von Spee und mehreren anderen zurückzuführen, auf die wir allerdings noch einige Jahrzehnte warten müssen. Die Sache ist zurzeit noch zu „heiß". In dieser Zeit des anbrechenden neuen Jahrhunderts können zynische Menschen-, besser Frauenverächter noch fast ungehemmt ihrer Leidenschaft frönen: Der uneingeschränkten, der totalen Hexenjägerei.

Die peinliche Befragung

In Tirol wurden, wie gesagt, bei der peinlichen Befragung die Daumenschrauben („Daumenstöcke"), die „kluege Schnur" und das Aufziehen angewandt. Kaiserin Maria Theresia, in anderen Zusammenhängen durchaus eine weitsichtige, kluge

Herrscherin (auch wenn sie von Schülern der Einführung der allgemeinen Schulpflicht wegen innig gehasst wird), hat die damals Mitte des 18. Jahrhunderts in Gebrauch befindlichen Foltergeräte 1769 sozusagen genormt und damit auch sanktioniert. Eine breite, ich glaube lückenlose, Palette von mariatheresianischen Folterwerkzeugen mit dazugehörigen Konstruktionszeichnungen und Genehmigungszahl konnte ich in der Burg in Bratislava, Slowakei, bestaunen.

Aus älterer Zeit sind Darstellungen von Daumenschrauben bzw. Daumenstöcken nur ungenau oder in Art und Aussehen sehr unterschiedlich erhalten. Man kann aber todsicher sein, dass rührige Konstrukteure in langen dunklen Winterabenden mit großem Einfallsreichtum und akribischem Geschick an einer Effektivitätssteigerung solcher Geräte gearbeitet haben (Peter Mitterhofer jedoch hat bewiesen, dass man seine Kreativität auch auf menschenfreundlichen Gebieten ausagieren kann). Verbesserung: Die zielte auf eine Maximierung des mit diesem Werkzeug zu erreichenden Schmerzlevels ab, ohne die „Delinquentin" dabei zu Tode kommen zu lassen.

Nach dem Auftakt – der psychischen Folter durch Vorzeigen der Martergerätschaften – ging man zu den Daumenstöcken über und schritt, nachdem der Gerichtsschreiber jedes Stöhnen, Wimmern und

Vorstellung des berait in der Lufft auffgezogenen
Inquisiten

Schreien und jedes herausgefolterte Wort penibel notiert hatte, zur Anwendung der „kluegen Schnur": Dabei wurden die Hände bis auf die bloßen Knochen zusammengeschnürt. Diese Folter ist auch unter dem Namen „Kurzschließen" bekannt. Gerichtsdiener zählten diese Tortur zu den schmerzhaftesten überhaupt.

Das Aufziehen des, der Angeklagten mittels eines Hanfseils war die dritte Folterstufe. Die Hände wurden dem „Delinquenten", der "Delinquentin", auf den Rücken gebunden; über ein Seil, das von der Fessel über eine Rolle an der Decke lief, wurde sie anschließend in die Höhe gezogen. Bei der ersten Folterstufe wurde für die Zeitdauer eines „Miserere" (wie zynisch! Für Nicht-Lateiner: Erbarme dich!) aufgezogen, bei der zweiten Stufe die doppelte Zeit. Die dritte Stufe bestand in einer Verschärfung der Art, dass am Seil gerüttelt und die Folter auf unbestimmte Zeit ausgedehnt wurde. Den Rest gab man der von Amtswegen misshandelten Person, indem man Gewichte an die Füße hängte, wodurch Gelenke ausgerenkt und Bänder gezerrt wurden oder gar rissen. Der, die solcherart peinlich Befragte war zum Krüppel geworden. Bestimmt haben die drei bei der Tortur anwesenden Geschworenen, Bauleute (Bauern) aus gehobenen Kreisen, dabei gebetet, Gott möge der „Hexe" die Zunge – oder Brust und Hals – lösen, die ihr der Teufel verknotet hatte. Im Geständnis der Völser „Hexe" Anna Mioler wird ein solcher Umstand ausführlich geschildert, wenn sie angibt, sie hätte, wenn ihr nicht *„Hilfe beschehen, …weder mit noch ohne Marter durch des Teufels Hilfe, der ihr einen Knopf an die Brust und Hals gemacht, nicht ein Wort bekennen mögen"*.

Die Urteilsvollstreckung

Die Tiroler Malefizordnung von 1499

König Maximilian I. erlässt am 30. November 1499 „mit Rat seiner Räte (Regiment) und über Bitten der Tiroler Landschaft" folgende Ordnung der Polizeivergehen und der Halsgerichtsbarkeit (VNZICHTEN VND MALEFITZ RECHTEN = eine Tiroler Malefizordnung) für die Grafschaft Tirol (hochdeutsche Übertragung):

„Es gab in Tirol bisher kein geschriebenes Strafrecht: alles war der Entscheidung der Richter überlassen, weswegen es oft zu fragwürdigen Entscheidungen kam, und Verbrechen nicht nach Gebühr bestraft wurden. Seine Königliche Majestät will, dass Verbrechen nicht liederlich begnadigt, sondern nach der Strenge des Gesetzes mit dem Schwert be-

straft werden. Der König bestellt (...) je einen Richter und 12 Geschwo-
rene, die das Recht haben sollen, über Blut und Leben zu richten. Die
peinliche Frage (Folter) ist in Gegenwart von drei Geschworenen durch-
zuführen; der Gerichtsschreiber hat das Protokoll zu führen. Nach Verle-
sung des Urteils zerbricht der Richter den Stab und übergibt den Übeltä-
ter dem Scharfrichter. Hochverräter sollen zur Richtstätte geschleift und
gevierteilt, Räuber und Totschläger mit dem Schwert gerichtet werden;
Kirchenräuber, Brandstifter, Ketzer und Münzfälscher sind zu verbren-
nen, Bigamisten zu ertränken. Wer an einer ehrbaren Frau oder Jungfrau
Notzucht begeht, ist zu ertränken. Kindsmörderinnen sollen lebendig be-
graben und dann ein Pfahl durch sie geschlagen werden. Dem Meineidi-
gen ist die Zunge samt Schwurfingern abzuschneiden. Kleine Diebe sind
auf den Pranger zu stellen oder mit Ruten zu züchtigen und aus dem
Land zu treiben. Große Diebe sind aufzuhängen. Über nicht beschrie-
bene Übeltaten haben Richter und Geschworene nach Verstand und Ge-
wissen zu urteilen. Der König befiehlt allen seinen Beamten und den
Ständen des Landes Tirol, die vorliegende Ordnung einzuhalten. In-
sprugg st. Andres des hl. Zwelfpotten tag 1499.“ (= 30. November)

Der hier zitierte Auszug aus der Halsgerichtsordnung mag die
Strenge, aus heutiger Sicht würden wir sagen: Brutalität dieser berühmten ersten schriftlich festgelegten Malefizordnung Tirols verdeutlichen.
Ein Menschenleben hatte bei weitem nicht den heutigen Wert - wenn
es denn ein Menschenleben von nicht-adeliger, niederer Herkunft war.
Gesetzesübertreter machten mit wenigen Ausnahmen Bekanntschaft
mit dem Züchtiger, sie wurden gefoltert und hingerichtet, im leichtes-
ten Fall „gezüchtigt“ und aus dem Land gejagt (**Urfehde** genannt). Ruhe
und Ordnung im Land sollten mit drakonischen Mitteln und kompro-
missloser Härte aufrechterhalten werden, das ist die strafrechtliche Haltung, die „Justizpädagogik“ der frühen Neuzeit.

Wenn in der Literatur angemerkt wird, in dieser Malefizordnung
wäre kein Hinweis auf das Verbrechen der Zauberei zu finden, so sei auf
die Stelle verwiesen, die <u>Ketzer</u> zum Tod durch Verbrennen verurteilt.

Nachdem Hexen ihres Paktes mit dem Teufel wegen Ketzern gleichgesetzt waren und Ketzerei mit Hochverrat assoziiert war, ist das Verbrechen der Hexerei mit diesem Passus völlig abgedeckt.

Des Weiteren bekommen Richter und Geschworene in der Malefizordnung hinsichtlich „nicht beschriebener Übeltaten" freie Hand. Man sieht: Ein Richter mit einem pathologischen „Hexentick" konnte nach Belieben verfahren – und tat es wohl auch. Willkommen in der Neuzeit! In den **Regesten** (*Zusammenfassung des Rechtsinhalts von Urkunden, die Maximilian fein säuberlich und penibel Tag für Tag von seinem Schreiber anfertigen ließ*), lesen wir am 13. Februar 1500, dass „eine wärsagerin umb die vurken" geführt worden ist, dass eine Wahrsagerin also zum Galgen geführt worden ist. Dieses Beispiel illustriert die Anwendung der Halsgerichtsordnung in der Praxis. Der Wahrsager Meister Ambrosio de Rexate, der beim König und Kaiser ein- und ausging, bereitete dem Gewissen seines fürstlichen Herrn aber keinerlei Problem, und einem anderen „astronomus", Stephan Cosinus, wurden einmal „als Ehrung" 2 Gulden rheinisch gereicht. Kennen Sie Boppard am Rhein? In diesem romantischen Städtchen weilte Kaiser Maximilian, der ja ständig auf Achse war, um sein gewaltiges Reich mit seiner durchlauchtigsten Gegenwart zu beehren – beziehungsweise um es unter Kontrolle zu halten –, im Jahr 1508 und erledigte anfallende Geschäfte. Unter anderem zitierte er den Abt und praktizierenden Magier Trithemius von Sponheim zu sich aufs Schloss und stellte dem weitum berühmten Experten in Sachen Magie acht Fragen zum Wesen der Hexen und der Hexerei. Der Monarch wollte up do date sein, jetzt wo der Velser mit der Großfahndung begonnen hatte. Man sieht: Magier der „weißen" Art (Hexerei galt als „schwarze Magie") waren durchaus salonfähig. Wahrsagen, in den Sternen lesen, Astrologie galten als honorige Wissenschaft.

Der (oder das) Verbrennungs-Event

Wo nun das grausige Spektakel jeweils stattfand, ist im Völser Fall nicht auf uns gekommen. Der Standort, an dem die Scheiterhaufen loderten, wird aber in der Nähe des Schlosses vermutet. Völser/innen älteren Semesters erinnern sich wohl noch an den Spielplatz hinterm Peterbühl unter der damals gängigen und in seiner Bedeutung zumindest uns Kindern nicht bewussten Bezeichnung „Galgen". Wahrscheinlich hat sich dort in älterer Zeit eine Richtstätte befunden, etwa aus der Zeit, bevor die älteren Völser Herrschaften Wohnsitz und administrativen Wirkungskreis in der Mitte des 13. Jahrhunderts vom heutigen Hotel Turm nach Prösels verlegten. Die Hinrichtungen fanden auf jeden Fall öffentlich statt und waren begleitet von einem Sammelsurium aus religiösen Ritualen und einer effektvoll „pädagogisch" inszenierten Hinrichtungsshow. *Das Ganze hatte Volksfestcharakter. Bestimmt hatte die frühneuzeitliche Küche das Eine und Andere zum Anlass zu bieten. Hirsekuchen mit Honig vielleicht, plentenen Riebler mit Marmelade, Schwarzbrot mit Zwiebel und Speck, dazu ein Becher Weines vom Mioler oder Trafisöler – wenn ihm denn nach Abzug seiner Abgabepflicht Richtung Brixen noch ein Fässchen übriggeblieben war. Wahrscheinlich ist ein Gauklertrupp dabei mit einem struppigen zahmen Bären, Trommler und Pfeifer spielen auf und sorgen für eine beschwingte Atmosphäre. Vielleicht wird ein missgebildeter Zwerg vorgeführt, ein überdimensioniertes Weibsbild oder ein Körperbehinderter mit staunenswerter Physiognomie. Es wird gelacht und gelärmt, Kinderschreie, Duft nach Gebratenem, das Meckern einer Ziege. Lachen, jemand erzählt einen Witz, trinkt Wein aus einem irdenen Becher. Beim Baumann kläfft hysterisch ein Hund, weitere Hunde fallen ein. Dazwischen dröhnen die hölzernen Schläge, mit denen ein Pfahl nach dem andern in Löcher gerammt wird, die in schnurgerader Linie im Abstand von drei Klaftern (1 Tiroler Klafter = 2,015 m) vorbereitet worden sind, alles im letzten Augenblick, des Effektes wegen. Buben drängen nach vorne mit großen Augen, barfuß, mit* rotzigen Nasen und struppigem Haar. Einer der Knechte hängt die Ketten, mit denen die Delinquentinnen an den Pfahl gefesselt werden, in die Ringe ein, die anderen schichten abwechselnd Reisigbündel und große Holzscheiter auf, stoßen sie penibel, fast liebevoll zurecht, gehen von einem Pfahl zum nächsten, es ist eine ganze Gasse, die herzurichten ist. Das Holz stammt von der Bauhütte beim Schloss, die gerade damit beschäftigt ist, das Winterholz zu verarbeiten. In den nächsten beiden Jahren wird mit dem Ausbau begonnen werden. Vor dem ersten Pfahl glost in einem rußigen Eisentopf ein Haufen Kohle, auf seine Bestimmung wartend. Einer der Knechte schaut besorgt zum Himmel. Ein Gewitter scheint aufzuziehen, schwarze Wolken drängen über den Schlern. Ob etwa der Teufel -, nein, er schiebt den beängstigenden Gedanken hastig beiseite. Es ist ein heißer Julitag. Wenn das Wetter nur solange hält! Beim Verbrennen ist man immer vom Wetter abhängig, ja ihm nachgerade ausgeliefert. Der Knecht weiß, dass es dem Züchtiger nicht unrecht ist, wenn das Holz nass wird und nicht richtig ins Lodern kommt. Dann wird das Ganze auf morgen vertagt. Doppelte Bezahlung winkt! Die Knechte haben dieses Privileg nicht. Ihnen bleibt die Arbeit. Aber drei Gulden rheinisch sind auch nicht zu verachten, dafür schuftest du als Taglöhner zwei Wochen. Und dann wird es urplötzlich ruhig, nur der Baumannhund kläfft und kläfft. Hälse recken sich. Von Ferne hört man das mehrstimmige Singen eines lateinischen Gebetes, das stetig lauter wird. Es klingt seltsam hohl. Ein Windstoß treibt Weihrauchfetzen durch die Gasse. Hinter dem Schlern zucken Blitze, ein leises Grollen, besorgte Blicke zum Himmel, der sich schwefelgelb verfärbt hat. Die Versammelten drängen zusammen, bilden eine Gasse aus Menschenleibern, die schieben, drängen, stoßen. Einer der Knechte prüft das Feuer und stochert im Eisenkessel mit der Glut. „Seinmer's nocher?" Die Stimme des Züchtigers klingt sachlich, professionell. Er hustet, knetet sich die Fingergelenke. Der Knecht reicht ihm die Handschuhe und grinst tölpelhaft. Er ist der Knutze (Junge). Es ist seine erste Verbrennung und gleich in dieser Auflage. Das hätte er sich nicht zu träumen gewagt! Das wird ihm unschätzbare Referenzen einbringen, wenn er später einmal selbstständig werden will; der Arbeitsmarkt wird immer härter. Was, du warst beim Hexenprozess in Völs dabei? Echt? Dass der Vater so ruhig bleibt! Herr

Lienhart kann nicht kommen, hat er gehört. Wie schade! Wie gern hätte er den Herrn gesehen in seiner prächtigen Rüstung, auf seinem stolzen Pferd. So wird der Pfleger die Rede halten, bevor der Richter den Stab bricht. Das Miserere klingt nun ganz nah. Die Menge stimmt in den Gesang ein. Es ist ein gewaltiger, feierlicher Chor aus Männer-, Frauen und Kinderstimmen. Ein Windstoß treibt einen neuerlichen Schwall Weihrauchdunst herbei. Der große Knecht prüft nach, ob das Feuer im Kessel auch richtig brennt. Es kommt nun alles auf ihn an.

Um der schillernden Persönlichkeit dieses letztgenannten Herrn, Leonhard Völser, auch nur einigermaßen gerecht zu werden, bedürfte es einer eingehenden Auseinandersetzung mit dem auf uns gekommenen, erhalten gebliebenen Material, was an anderer Stelle geschehen ist (beachten Sie, wenn Sie möchten, die Hinweise im Autorenprofil auf S. 160).
Da Leonhard als Gerichtsherr in Bezug auf die Völser Hexenprozesse zweifelsohne eine Schlüsselrolle spielte, soll hier doch der Versuch einer kurzen Charakterskizze unternommen werden.

Leonhard von Völs

igentlich hat alles ganz moderat angefangen mit denen zu Völs, Fellis, Fels oder wie auch immer. Die Wende kam, als Leonhards Vater Kaspar, dem wir bezüglich seiner Eheschließung keine unlautere Absicht unterstellen wollen, mit Hilfe seiner begüterten Frau zu ansehnlichem Besitz gekommen war. Die beiden Brüder erbten von Mama und Tata, und der an Jahren, bestimmt aber nicht in seinem Wesen noch recht zarte Junker Leonhard Velser, Jahrgang 1459, übernahm ab etwa 1480 das Familienregiment. Michael musste folgen und brachte es auch nicht besonders weit im Gegensatz zu seinem älteren Bruder, der auf der Erfolgsleiter Stufe für Stufe nach oben stieg. Dreimal war er verheiratet und die Gattinnen stammten aus immer (ab)gehobeneren Kreisen. Was für Zufall. Aber, wo die Liebe hinfällt... Kriegszüge in seines Landesfürsten und Königs, später Kaisers Auftrag gegen Venedig, gegen die Schweizer, gegen die Bayern; verschiedene lukrative Jobs in Hall als Salzmair und in Innsbruck, wo er einen ehrenvollen Sitz im „Regiment", der neu errichteten Landesregierung und –verwaltung, bekleidete bis zu seiner Bestellung als Landeshauptmann an der Etsch und Burggraf zu Tirol spannt sich der Bogen dieses außerordentlichen, ehrgeizigen Mannes. Irgendwie ist Leonhard zu beinahe verdächtig üppigem Reichtum gekommen; sicher, einiges hat er geerbt, von seinen Frauen als Mitgift erhalten oder seinem wenig cleveren Bruder Michael abgenommen, anderes hat ihm der Kaiser, zu dessen Freundeskreis sich der Völser zählen durfte, wegen *„der nützlichen und treuen Dienste, die dieser dem Haus Österreich erweist",* geschenkt. Wie und woher auch immer: Leonhard von Völs war mächtig, Leonhard von Völs war reich, an Besitz und Einfluss im Land und am königlichen, kaiserlichen Hof. Die Prösler Burg allerdings war eher derlattert (heruntergekommen) und wurde mit ihren beiden armseligen Türmen den Ansprüchen keinesfalls gerecht. Was tun? Umbauen. Ensembleschutz, Denkmalschutz, Kubaturbeschränkung? Ach was, wozu ist man Landeshauptmann! Also wird hochgekrempelt und das Geding in Angriff genommen. Die Bauern mussten auf Grund ihrer in den Urbaren akribisch festgeschriebenen Pflichten kräftig mit anfassen und spuckten zähneknirschend in die Hände - oder sonst wohin. 1517 war es soweit: Man konnte umziehen, besser gesagt: man hätte umziehen können. Leonhard der Landeshauptmann blieb lieber im sonnigen Meran und ließ in Prösels seinen Pfleger schalten und walten. Was sollte er auch in der Provinz oder in der Peripherie, wie die Städter auch heute noch zu sagen pflegen. Seine dritte Frau, die Gräfin Montfort, war ein paar Jahre zuvor bei den Dominikanern in Bozen zu Grabe getragen worden, das aus dieser Ehe entsprossene Kind wohl bald nach der Geburt verschieden – Hexenwerk? Zur Jagdsaison war der inzwischen zum Freiherrn avancierte Völser aber wieder voll in Schuss – wenn er nicht gerade irgendwo gegen irgendwen zu Felde zog. Das Schloss war saniert, der familiäre Machtbereich abgesichert. Etwas störte den ehrgeizigen Völser aber noch: Sein etwas kümmerliches Wappen mit dem roten Tatzenkreuz in silberner Binde auf schwarzem Grund, das nicht viel hergab. Da man sich in besseren Kreisen zu Humanismus und Renaissance hingezogen fühlte und seinen Blick nach Süden wandte, um sich im verdämmernden Nachglanz einer glorreichen Antike zu sonnen, war es nur konsequent, wenn sich unser Leonhard einen Schuss Römerblut verpasste. Im Lauf der Jahre begann er sich auch leibhaftig als illustrer Nachfahr der einstigen Weltbeherrscher zu fühlen und die, die daran zweifelten, hielten sich zurück. Irgendwie auf obskure Weise zur Colonna-Säule gekommen (da gab es angeblich einen Filiationsbrief), landete diese Säule nach dem Tod des letzten Grafen von Matsch, der (neben den Habsburgern) pikanterweise ebenfalls eine Säule im Wappen führte, erst in einfacher, dann in doppelter Ausführung im „gebesserten" Völser Wappen. Dieses ziert nun – freilich ohne die schmucke nackte Meerjungfrau der Colonna - die Völser Gemeindestube. Da die Tricolore und die Europafahne. Dort unser roter Tiroler Adler und das hehre Wappen derer von Völs-Colonna. Keine Spur ist geblieben von den Ressentiments, die unsere Völser Vorfahren vor fünfhundert Jahren sehr wohl gegen ihren Landesherrn hegten, der ihnen das Jagen auf hofeigenem Grund und Boden verbot, Wasserleitungen und Fischweiher ohne Absprache in die Landschaft pflanzte und auch als Gerichtsherr ohne Pardon, mitunter nachgerade skrupellos war. Man halte sich nur die Beschwerden der Bauern 1525 in Meran vor Augen.

Des Velsers Position in Sache Hexenverfolgung –
einige Indizien

Leonhards Haltung im Zusammenhang mit den Völser Hexenprozessen soll durch ein paar Indizien beleuchtet werden:
Da ist einmal der „Faktor Dominikaner". Sowohl seine dritte Frau als auch Leonhard selbst liegen bei den Dominikanern in Bozen begraben. Na und? werden Sie sagen. Wenn Sie aufmerksam das Kapitel über die Entstehung des Hexenwahns gelesen und dieses nicht nur überflogen haben (was ich Ihnen übelnehmen würde), ist Ihnen dieser schwarz-weiße Orden zusammen mit den braunkuttigen Franziskanern (die Kapuziner wollen wir hier einmal außen vor lassen) als Eliteeinheit diverser Päpste gegen die Hexenplage in Erinnerung geblieben. Vielleicht, nein: wahrscheinlich, ist Leonhard sogar bei den Dominikanern zur Schule gegangen; das würde seine Voreingenommenheit gegenüber Hexen und Zauberei nahelegen, immer unter Voraussetzung, dass Klein-Leonhard bildungsfähig und beeinflussbar gewesen war.

Dann engagierte sich Leonhard (ich darf ihn nach diesen wenig schmeichelnden Ausführungen immer noch so nennen?) eifrig an der Renovierung der heruntergekommenen Völser Filialkirchen und vor allem der Pfarrkirche, der ehemaligen Eigenkirche derer von Völs und Grabstätte seiner frühen Vorfahren, die immer noch sein edles Wappen ziert – am Südeingang sogar mit der schmucken, brustfreien Meerjungfrau als Helmzier, die allerdings, wohl von irgendeinem Kirchenbesucher, für ihre Freizügigkeit ein paar gezielte Steinwürfe verpasst bekommen hat.

Das Peterbühlkirchl erstrahlt in neuem Glanz; was vor der alten Kirche dort wohl gewesen war? Reste der Grundmauern des Fahnenheiligtums eines römischen Kastells? Wenn man dort nur graben dürfte... Auf dem Südportal lehnen sich, zusammen mit Leonhards edler Wappenzier, die Wappen der beiden Frauen einträchtig aneinander, der ersten, die 1495 gestorben war und der zweiten, die ihr 1507 in den Tod folgte. Katharina von Firmian, die zweite, war eine fromme Frau und unterstützte diese Vorhaben mit zuweilen beinahe bigottem religiösem Engagement.

Einen kompromisslosen Charakterzug zeigt der Völser beispielhaft in der Art und Weise, wie er in der *Malefizsache gegen Peter Weinbrenner* vorging: Dieser hatte ein Stück aus der Fassade der Konstantiner Kirche herausgebrochen und mit nach Hause genommen, wohl um es zuhause als pars pro toto, als Reliquie zu verehren. Er wurde in flagranti erwischt und Leonhard von Völs (ich bringe es nicht über mich, ihn in diesem Kontext in vertrauter Weise beim Vornamen zu nennen) hat den armen Peter kurzerhand zum Tode verurteilt.

Welche Strafe hat Freund Max, der Kaiser, in der Halsgerichtsordnung von 1499 für ein solches Verbrechen am kirchlichen Fassadenschmuck vorgesehen? Blättern Sie zurück. Richtig: *„Kirchenräuber, Brandstifter, Ketzer und Münzfälscher sind zu verbrennen..."* Eine „beinharte" Interpretation konnte ohne herumzudeuteln direkt zum „Holzkasten" führen. Dass Peter Weinbrenner mit dem Leben davon kam – allerdings nicht ohne Strafe; neben anderen Auflagen musste er Urfehde schwören, das heißt nach Verbüßen der Strafe das Land verlassen – verdankt er dem Umstand, dass justament zum damaligen Zeitpunkt Leonhard Völsers zweite Frau verstorben war und die anwesenden Pfarrer und Adeligen anlässlich des Todesfalls Fürsprache für den armen Sünder einlegten (Völser Dorfbuch, S. 170). Wer glaubt da noch, der Völser hätte mit den der Hexerei beschuldigten Frauen irgendein Mitleiden oder gar Pardon gehabt!

Ein weiteres Beispiel:

Falls Ihnen Leonhard Völser immer noch zu wenig „griffig" ist, kann Ihnen mit einem weiteren Beispiel geholfen werden: Leonhard muss *„das heilig pluet, ainen kelch und zway meßgewannt"*, also wertvolle Reliquien und sakrale Gegenstände, zurückgeben, die er den Klosterfrauen im Münstertal anlässlich des Engadiner Krieges 1499 „abgenommen" und nach Völs entführt hatte. (Regesten, 11. Februar 1500)

Eine Charakterskizze

Was das beweisen soll? Das sind doch nichts als Hinweise und das nicht einmal hinreichende!

Ist es überhaupt nötig, Leonhard, den hochwohlgebornen, zusätzlich zu belasten, wo es ohnehin sicher ist, dass es im Gericht Völs einen, nein zwei Hexenprozesse gegeben hat. Nun, die Urgichten sind nur zum Teil erhalten geblieben und es stellt sich die Frage nach dem Schicksal der Beschuldigten. Ich fürchte, dass Leonhard, für den der Begriff Gnade ein Fremdwort war, auf Grund der geschilderten Charakterfragmente über die namhaft gemachten Völser Frauen hinaus durchaus auch noch weitere Personen zum Tode verurteilt haben wird. Auf jeden Fall fällt Licht auf die Frage bzw. auf die Antwort, warum es gerade im Gericht Völs zum ersten rein zivil ausgerichteten Hexenprozess auf deutschem Reichsboden kommen konnte. Persönlicher wie politischer Ehrgeiz, ein Hahnenkampf-Verhältnis zur kirchlichen Hierarchie (wir erinnern uns an den Streit mit dem Kloster Neustift um das Eigenkirchenrecht, an die Bestellung des neuen Pfarrers „von Amts wegen"), ein wie auch immer geartetes, vielleicht dominikanisch motiviertes religiöses Engagement (Frömmigkeit nehme ich weniger an), seine italienischen

Kontakte beim Krieg gegen Venedig und seine freundschaftlichen und verwandtschaftlichen oberitalienischen Beziehungen, über die er mit Sicherheit von den Hexenprozessen in Norditalien, in Como, in Cavalese Kenntnis hatte. Ins Fleimstal lief über den Onkel seiner Frau, der dort Hauptmann war, ein direkter Kontakt. Ja, der Völser war durchaus in der Lage und als Gerichtsherr auch in der Position, ein derartiges blutiges Spektakel in seinem Gerichtsbezirk zu inszenieren.

Wenig wahrscheinlich ist, dass Druck von unten die treibende Kraft war, die schlussendlich zu den Prozessen führte, wie es an anderen Orten der Fall war – und weitere zweihundert Jahre der Fall sein wird. Der Völser ließ sich mit Sicherheit das Pergament (heutiger Sprachgebrauch: das Heft) nicht aus der Hand nehmen.

Es stellt sich auch die Frage nach der Rolle, die Katharina von Firmian, Leonhards zweite Frau, im gegenständlichen Zusammenhang gespielt haben könnte. Nun, sie war eine fromme Frau und wohl die treibende Kraft bei den verschiedenen Kirchenrenovierungen und –umbauten. Ob – und wie – sie sich in der Verfolgung der „Hexen" engagierte, ist nicht auf uns gekommen, aber es ist nicht unwahrscheinlich, dass sie in der Angelegenheit zumindest eine einschneidende, religiös motivierte Haltung gehabt haben könnte. Informiert war sie, wie gesagt, bestimmt über die blutigen Ereignisse in Cavalese.

1507, ein Jahr nach dem ersten Prozess, verstarb Katharina in noch jungem Alter und hinterließ drei Töchter. Es ist nicht gerade eben viel Phantasie vonnöten, um bei diesem Todesfall im Völser Volk sowie von Seiten des Witwers einen „hexischen" Zusammenhang zu fantasieren.

Verbrieft ist, dass Leonhard vom Regiment (der Landesregierung) in Innsbruck verschiedentlich zur Zurückhaltung in Bezug auf sein Engagement in der Verfolgung von „Hexen" und „Zauberern" aufgefordert worden ist.

Die Schlinge zieht sich zu

Von wem kamen die Anzeigen?

Da bleibt noch die brisante Frage, von wem die Anzeigen, die das Rad der Ketzereiprozesse in Gang gesetzt und in Betrieb gehalten haben, denn nun stammten. Die Antwort darauf wird Ihnen nicht gefallen. Es wäre praktisch, könnten wir Stiefmutter Kirche dafür bemühen mit ihren paranoiden frauenverachtenden Akteuren. Die haben ihre Zeit gehabt, und (damalige) Dominikaner, Franziskaner, ein bisschen auch die Kapuziner und ihre Spezialisten haben eine unübersehbare Blut- und Feuerspur durch die Geschichte des ausgehenden Mittelalters und der beginnenden Neuzeit gezogen. Nein, die waren es nun nur mehr in gezählten Einzelfällen. Jetzt mussten verfügbare Ressourcen anderweitig eingesetzt werden: Gegen die sich formierende Reformation des Calvin, eines Zwingli, von Martin Luther. Und wer nicht verfolgte, predigte Ablass für die neue gigantomanische Peterskirche in Rom. Nein, jetzt war es nicht mehr die Kirche. Sicher, sie wird – später – den berühmten Galileo Galilei zum Widerruf seiner Erkenntnisse zwingen und einige andere terrorisieren, quasi um nicht aus der Übung zu kommen. Den Flächenbrand, der sich nun über das ganze Deutsche Reich, über Frankreich und Schottland ausbreitete, hat sie – ausnahmsweise – nicht zu verantworten.

Die Antwort der neueren Hexenforschung

Es gibt eine so genannte „Hexenforschung", die im bereits zitierten AKIH an der Universität des Saarlandes einen wissenschaftlichen Brennpunkt innehat. Der Arbeitskreis Interdisziplinäre Hexenforschung (AKIH) ist ein internationaler und interdisziplinärer Arbeitskreis zur wissenschaftlichen Erforschung

- der Geschichte der Hexenverfolgung
- der Geschichte des Hexenglaubens und der Hexenvorstellungen
- der Rolle und gesellschaftlichen Funktion der Hexerei in der Gegenwart
- von benachbarten Themenbereichen wie Aberglaube, Magie und Zauberei
- von Divination, Mantik und Wahrsagerei
- von religiösem Volksglauben, Volksmedizin und Schamanismus.

(http://www.uni-saarland.de/lehrstuhl/frueheneuzeit/akih/reihe-hexenforschung.html

Im Zusammenhang mit der Erstellung der ersten Auflage dieser Broschüre habe ich ab 2006 mit dem AKIH Kontakt unterhalten und daraus wertvolle Anregungen für meine Arbeit bezogen. Mit Hartmut Hegeler stand ich längere Zeit in E-Mail-Kontakt.

Der sozialgeschichtliche und ethnologische Zweig der neueren Forschung hat **die einfache Bevölkerung als treibende Kraft der Hexenverfolgung** ausgemacht. Friedrich von Spee, der berühmte Autor der „CAUTIO CRIMINALIS", eines Werkes, das sich leidenschaftlich gegen die Hexenverfolgung wandte, schreibt, es sei *„.... das rohe, insgeheim neidische und böswillige Volk, das sich an seinen Feinden durch Verleumdungen rächt und im Ehrabschneiden vorzüglich die Unterhaltung sucht. Ich sage nur kurz dieses, dass es heutzutage (1631) Sitte beim Volk ist, sogleich, wenn nicht die Obrigkeiten auf jedes nichtige Geschwätz des Volkes hin augenblicklich einkerkern, foltern und brennen lassen, das Geschrei zu erheben: Sie (die Obrigkeiten) seien bestochen von den Reichen; jede vornehmere Familie (...) sei der Zauberei ergeben; mit den Fingern fast könne man die Hexen bezeichnen; daher getrauen sie sich nicht einzuschreiten – und ähnliche Reden mehr, welche deutlichst zeigen, wie groß die Bosheit des Volkes ist."* (hochdeutsche Übertragung)

Wir kennen den Jesuitenpater Friedrich von Spee als Schöpfer des Weihnachtsliedes *„Oh Heiland, reiß die Himmel auf"*, in dessen ergreifendem Text sein Leiden über das dunkle Zeitalter geistiger Finsternis auf erschütternde Weise zum Ausdruck kommt.

Frauen gegen Frauen?

Schadenzauber war abgesehen von göttlicher Strafjustiz das gängige Deutungsmuster für Unglücksfälle jedweder Art, und die vielfältigen sozialen Konflikte auf engem dörflichem Raum schufen einen gleichermaßen fauligen wie ergiebigen Nährboden für Anschuldigungen wegen Hexerei und Zauberei. Sicher, Geschlechterstereotype prädestinierten vornehmlich Frauen als Opfer. Gleichzeitig sieht die neuere Forschung Frauen aber auch – als Akteurinnen. Regionalstudien aus dem Gebiet des damaligen Deutschen Reiches belegen, dass Verdächtigungen und Anzeigen wegen Hexerei im nachbarschaftlichen Umfeld häufig von Frauen kamen *(Untersuchungen von Ingrid Ahrendt-Schulte, Peter Arnold Heuser und Karen Lambrecht; Ingrid Ahrendt-Schulte: Hexenprozesse, in: Frauen in der Geschichte des Rechts. Von der Frühen Neuzeit bis zur Gegenwart, hg. von Ute Gerhard, S. 199-220, Verlag C. H. Beck, München 1997).* Großräumige Verifizierungen stehen noch aus, sind aber im Laufen. Keinerlei Hinweise dieser Stoßrichtung finden sich jedoch bezüglich der Völser Hexenprozesse von 1506 und 1510.

Es lässt sich feststellen, dass im Lauf der Zeit zunehmend mehr Männer angeklagt wurden, ja in manchen Regionen ausschließlich oder fast ausschließlich Männer (Hochstiftsbereich Salzburg 100%, Island 90%, Finnland 50%). Und doch sind Schätzungen zufolge etwa 54% aller Hingerichteten weiblichen Geschlechts, was aber nicht rechtfertigen dürfte, dieses Thema gendermäßig zu vereinnahmen.

Hatten es männliche Hexenjäger vornehmlich auf „Weise Frauen", auf emanzipierte Frauen also, abgesehen?

Ein weiteres Untersuchungsergebnis im Rahmen der Integrierten Hexenforschung lässt ebenfalls aufhorchen und zwingt bestimmte Bevölkerungskreise zur Revision vorhandener lieb gewonnener Interpretationen und Schuldzuweisungen: Walter Rummel (Dr. Walter Rummel, Landeshauptarchiv Koblenz: "Bauern, Herren und Hexen" - Kritische Studien zur Geschichtswissenschaft 94, Göttingen 1991. ISBN 3-525-35757-5), einer der renommierten Autoren auf dem Gebiet der Hexenforschung, hat aufgezeigt, dass das „magische Dienstleistungsgewerbe" der frühen Neuzeit, die „Weisen Frauen" ebenso wie die „Weisen Männer" (die es auch gab), zumeist nicht zu den Opfern der Hexenverfolgungen gehörten, wie vielfach angenommen, sondern – zu den Akteuren. Ich kann verletzte Gefühle nachempfinden; es ist nie angenehm, wenn Seifenblasen platzen.

Im „Völser Fall" lässt sich in diesem Zusammenhang lediglich feststellen, dass die angeklagten, verurteilten und hingerichteten Frauen dem einfachen bis mittleren bäuerlichen Bevölkerungsmilieu entstammten und keine wie auch immer geartete Qualifikation als Hebamme, Heilerin und dergleichen besessen haben dürften. In den Urgichten finden sich jedenfalls keine einschlägigen Hinweise.

Es gab aber auch Gegner der Hexenprozesse!

Falls unser oder Ihr Gemeinderat nach Straßennamen sucht: Hier einige Vorschläge, mit denen man mutigen Männern ein Denkmal setzen könnte, die, wie mutige Männer und Frauen aus anderen Abschnitten der Geschichte – und der Gegenwart! – auch, unter Lebensgefahr menschenverachtende Systeme angeprangert haben und anprangern:

- <u>Der Brixner Bischof Georg Golser</u>, der den Hexenjäger Institoris mit den Worten aus Innsbruck verjagte: *„Er bedunckt mich aber*

propter senium gantz chindisch sein worden, als ich in hie zu Brichsen gehört hab". Damit war die ganze Arbeit für die Katz und Kramer musste die Jagd ohne Trophäe abbrechen. Ein echter Waidmannsfrust!

- P. Adam Tanner, der Innsbrucker Kritiker der Hexenverfolgungen, ist ein weiterer mutiger Mann, der einen Straßennamen verdient; es kann durchaus eine Hauptstraße sein!
- Der reformierte Pfarrer Anton Praetorius (Schulze) aus Lippstadt in Westfalen, der in seinem Buch *„Von Zauberey und Zauberern Gründlicher Bericht"* (1602) alle Vorurteile gegen Hexen zerpflückte, ist ein anderer Held jener Zeit.
- Und da gibt es natürlich noch den Gegner des Hexenwahns par excellence, der Jesuiten Friedrich von Spee. Sein Buch „Cautio Criminalis", das hier schon zitiert worden ist, hat entscheidend zum Ende des Hexenwahns im Deutschen Reich beigetragen und sei allen, die sich mit der Materie intensiver auseinander setzen möchten, aufs wärmste empfohlen.

Mit großer Genugtuung hat mancher die Straßenbenennung in der neuen Wohnzone in Obervöls aufgenommen, in der Anna Jobst, der einzigen Nicht-Völserin unter den Angeklagten, eine pietätvolle posthume Eingliederung ins Dorfkollektiv nachgereicht wird. Der Gemeindeverwaltung sei auf diesem Weg für diese klare Positionierung in der gegenständlichen Sache Anerkennung gezollt!

Wir kommen nun zu den beiden Völser Hexenprozessen

Die bisherigen Ausführungen sollten Ihnen die Welt der beginnenden Neuzeit näher bringen, damit die gestehenden und verurteilten Frauen im Zusammenhang mit dem damaligen Zeitgeist gesehen werden können und Profil erhalten, indem sie sozusagen als Relief vor den epochalen Hintergrund treten. Sie werden erkennen, dass die Völser Frauen ganz der Tradition ihrer Zeit verpflichtet sind, dass sie in ihren „Geständnissen" Elemente des Volksglaubens reflektieren, zeittypische Wertungen vornehmen, lebensumstandsbezogene Details verraten und schlussendlich Verbrechen gestehen, die sie nie und nimmer begangen haben.

Bei den Verurteilten handelte es sich vor allem um Mägde und Kleinbäuerinnen. Es ist nachgerade schockierend, dass die Ehemänner der Beschuldigten in keiner der Urgichten als solche in Erscheinung treten. Es ist nicht anzunehmen, dass alle verurteilten und besagten (angezeigten) Frauen alleinstehend waren. Welche Rolle werden die Ehemänner in diesem grauslichen Kontext demnach gespielt haben?

Ich habe das mir zur Verfügung stehende Datenmaterial auch unter Einbeziehung der wissenschaftlichen Erkenntnisse von Dr. Hansjörg Rabanser akribisch gesichtet, aufgearbeitet und zusammengefasst. Bei der **Opferbilanz** ging ich so vor, dass ich die Geständnisse einer der Frauen, die im Rahmen des Beschuldigungskatalogs am wenigsten Delikte zu verzeichnen hat aber nachweislich verurteilt worden ist, als Bezugsgröße genommen habe. Die unter der Folter erpressten Anschuldigungen gegen andere Frauen habe ich jeweils mit dieser „Referenzgröße" verglichen in der Art, dass bei gleichen oder schwereren „Delikten" eine Verurteilung und Hinrichtung angenommen werden muss. In dieser daraus entstehenden „Todesliste" nicht weiter berücksichtigt sind Personen, die in einen anderen gerichtlichen Zuständigkeitsbereich fielen.
Ich bin in meiner Arbeit mit gebotener Vorsicht vorgegangen. Trotzdem können Unschärfen bei der Interpretation und spekulative Fehler in der Verarbeitung des Quellenmaterials natürlich nicht völlig ausgeschlossen werden. Ich denke aber, dass diese Darstellung auf jeden Fall zur Diskussion – und zum Nachdenken – anregen kann.
Die folgenden Seiten widmen sich ganz speziell der Zusammenfassung und Auswertung der erhalten gebliebenen Völser Urgichten.

Die Völser Hexenprozesse von 1506 und 1510

1. Prozess: 7. Juli (Erchtag nach Uldalrici) 1506

<u>Richter: Berchtold von Lafay</u>

Hans Mair, den Anna Jobst benennt (auf seiner Wiese sei ein Hexensabbat veranstaltet worden) befand sich unter den Geschworenen ebenso wie Peter Vasan, den Juliana Winkler als einen der Geschädigten (Diebstahl von Milch, Nüssen, Äpfel, Käse) angibt.

<u>Beschuldigte, Verhörte, Verurteilte, Gerichtete:</u>

Anna Jobst
Juliana Winkler
und andere Personen, deren Urgichten nicht erhalten geblieben sind.

<u>Wohl auch bereits 1506 verurteilt worden sind</u>

Katharina Moser
Katharina Haselrieder
Messnerin von Sankt Christanzen (St. Konstantin)
Magdalena Astner
Kunigunde Bodenlang

Deckblatt der Urgicht der Anna Jobst

Anna Jobst

1496 Treffen in Ums; die **Kesslerin** war beim Verzehr eines Kindes anwesend und das sei der Grund gewesen, warum sie gerichtet worden sei. (Heißt das, es war schon ein Prozess oder gar eine Hinrichtung vorausgegangen?) Am 7. April 1506 wird das letzte Treffen auf der Woff bei den Weihern geschildert. Dazwischen liegt eine lange Reihe von „gestandenen Verbrechen" mit zahlreichen Kindstötungen, mit Schadenzauber und ihrer Wahl zur Gattin des Teufels als eine „Königin von Engelland".

Juliana Winkler

Aus Ums, zahlreiche Kinder, große Armut
Teufelspakt am 24. März 1492 (St. Quireinstag)
Ausfahren vor allem an Dienstagen
1496 wird das Gelage geschildert, das auch **Anna Jobst** angibt („Wissenstransfer" im Gefängnis?)
Neben den Kindsmorden (1496 in Ums – siehe Jobst; 1499 auf der Wegscheid Bray; 1506 auf der Woff zwischen den Völser Weihern und Zann)

geht es der aus ärmlichsten Verhältnissen stammenden Winkler vor allem um üppiges und reichhaltiges Essen und Trinken.
Weitere Ausfahrten: 1497 (Wiese zu Verlay), 1504 auf einer Wiese zu Vial, 31. März 1506 auf die Woff unter Klobenstein.
Auch Wetterzauber wird „gestanden": 1501 mit der **Cassianin** habe sie ein Wetter über Prösels gebraut; am 29. September 1503 ein anderes unter Angabe der verwendeten „Rezeptur" (Halme ausrupfen, hinter sich werfen)

Moserin, Messnerin von St. Christanzen

<u>Übereinstimmungen</u>
Wetterzauber: Am 10. August - Laurenzitag - (1504?)
Am 15. Juni 1506 St. Veitstag. **Messnerin**: Mit Hilfe des Teufels (große Steine aus 2 Fässern). War das der Auslöser für den Prozess am 7. Juli? Zusätzlich habe sie mehrere Jahre große Dürre verursacht.
 Beide Frauen schildern einen Teufelspakt mit der üblichen Verpflichtungsformel (*„Wildu das thun, so verlaugne ich Gott, der Jungfrau Maria und aller Heiligen gänzlich, mich dir hiermit verjeiche und allzeit gehorsamlich nachfolge und diene."*)
Am Dienstag vor dem Palmsonntag wollen beide Frauen auf die Woff zwischen den Weihern (zum Hexenstein) gefahren sein, wo der **Carnoder** in die dämonische Community neu eingeführt worden sei. Dort sei ein Kind verzehrt worden.
Am Donnerstag der vergangenen Karwoche „gestehen" beide Frauen einen weiteren Flug auf die Woff.
Beide Frauen geben an, sie hätten die Vernichtung des christlichen Glaubens beabsichtigt.

<u>Unterschiede:</u>
 Die **Moserin** „gesteht", an einem Dienstag in der Fastenzeit in Leifers am Verzehren von zwei Kindern beteiligt gewesen zu sein. Ein weiteres Kind habe sie gemeinsam mit anderen am 11. November in Ums verspeist.

116

Die **Messnerin von Sankt Christanzen** berichtet von einem Kindsmord am 30. November auf der Wegscheid Bray.

Katharina Haselrieder

Zunächst wird der vom Teufel angebotene Pakt verweigert, obwohl dieser Schätze verspricht, die im alten Gemäuer dieses ehemaligen Edelansitzes (Haselried) verborgen liegen sollen. Erst als die **Breinin** eine alte Schuld eintreiben will, die sie nicht bezahlen kann, geht sie auf den Pakt ein.

Sie bekennt zwei Ausfahrten, wobei sie zu einer ein Kind mitgebracht habe, das dann in gewohnter Manier (magische Tötung durch Vorwegnahme mittels eines Todesrituals) umgebracht und verzehrt worden sei.

2. Prozess:

3. August (Samstag nach Vincula Petri) 1510

Richter: Lienhart Peysser. Berchthold von Lafay, dessen Frau ebenfalls zu den Beschuldigten gehörte (als „Richterin von Castelrutt") ist einer persönlichen Angelegenheit wegen von Leonhard entlassen worden.

Beschuldigte, Verhörte, Verurteilte, Gerichtete:

Anna Mioler, Anna Oberharder, Dorothea Unterharder
und andere Personen, deren Urgichten nicht erhalten geblieben sind. Auch von Dorothea Unterharder fehlt die Urgicht.

Anna Mioler

Die Miolerin sagt, sie hätte sich nach dem Tod ihres Mannes und nachdem ihr Sohn ihr alles Geld entwendet hatte, in einer großen finanziellen Notlage befunden: Eine gute Voraussetzung für ein „Date" mit dem Satan, der ihr, nachdem sie die obligatorische Formel spricht, zwei Handvoll Geld gegen habe. Das Geld sei ihr jedoch alsbald wieder aus den Händen verschwunden. Sie bekennt intime Begegnungen mit dem Teufel, die ihn als „kalt und feindselig" charakterisieren. Mit ihrem Herrn und Meister habe sie einen gemeinschaftlich inszenierten Weinzauber auf dem Gewissen. Natürlich hat sie wie alle anderen Beschuldigten Kinder geschlachtet und gegessen und Lebensmittel gestohlen. Als besondere Position habe sie bei den Treffen das Amt einer Tanzmeisterin bekleidet. Bei einer Ausfahrt ins Fassatal habe sie mit Hexen getanzt, die inzwischen gerichtet worden seien. *Das sind wohl die Frauen und Männer der Cavaleser-Prozesse von 1501 bis 1505. Eine andere Deutung dieser etwas unklaren Stelle in der Urgicht könnte ein Verweis auf den Völser Prozess von 1506 sein.*
Sie verrät unter der Folter die Fluggeräte und die Flugformel (die aber ohnedies jedem Kind bekannt war) und sagt, die Ausfahrten müssten unter allen Umständen stattfinden und es solle sich ja keiner unterstehen, sie davon abzuhalten oder dabei unterbrechen zu wollen. Bereits inhaftiert, habe sie der Teufel besucht und aufgefordert, ja kein Geständnis abzulegen oder gar zu beichten, da er in diesem Falle die Herrschaft über sie verlieren würde. Um ein Schuldbekenntnis zu verhindern, habe er ihr einen Knopf in Brust und Hals gemacht; sie sei aber doch mit Hilfe anderer davon befreit worden. Die Miolerin gesteht insgesamt 15 Ausfahrten mit dem Teufel.

Anna Oberharder

Auch sie hat der Teufel in einer persönlichen Notlage besucht: Sie sei *„aus Armuth und anderen Ursachen in Verzagtheit gefallen".* Sie habe allen Heiligen abgeschworen, wie der Teufel es gefordert habe und sei dadurch *„in des Teufels Fahrt"* gekommen. Auch sie nennt Fluggeräte und die (etwas veränderte) Flugformel und schildert Details zu verschiedenen Ausfahrten. Vor vier oder fünf Jahren habe sie mit anderen, die verbrannt worden seien – sie nennt die **Unterharderin**, die **Miolerin**, die **Pentscheiderin** und **die alte Richterin von Kastelruth** – ein Kind verzehrt. Einem anderen Kind habe sie das Herz gegen eines aus Stroh ausgetauscht, habe das Kinderherz verzehrt und damit das Kind nach einer dreiwöchigen Frist dem Tode zugeführt. Die **Vilzaierin** habe durch ihre hexische Intervention eine Frühgeburt erlitten und das Kind, dessen Herz sie gebraten habe, sei gestorben. Sie bekennt, beim Hexenkofel am Verzehren von insgesamt zehn Kindern beteiligt gewesen zu sein.

Kunigunde Bodenlang

Sie gibt an, sie sei an einer Dienstagnacht mit der Jobstin mit dem teuflischen Gespenst zu einem Gelage auf die Woff gefahren, zu der mit ihrer Einwilligung auch die Braunin gekommen sei. Dort sei sie aufgefordert worden, Gott, die Jungfrau Maria und alle Heiligen zu verleugnen. Sie habe sich aber geweigert, die Jungfrau Maria zu verleugnen. Bei einer weiteren Fahrt auf die Woff habe sie neben viel Volkes die Cassianin, Winklerin, Evasserin und weiteres Volk angetroffen, die haben daselbst Kälber und anderes Vieh verzehrt, sie habe aber nichts davon gegessen. Einmal sei sie auch in der Karwoche auf die Woff gefahren, da sei die Jobstin zur Königin gewählt worden. Es war viel Volk da, sie habe jedoch kaum jemanden gekannt. Es wurde ein gutes Mahl aufgetischt und nachher wurde getanzt. Dann sei sie mit ihnen heimgefahren.

Schwere Delikte. Mit großer Wahrscheinlichkeit hingerichtet wurden folgende Personen:

Pentscheiderin (mit Sicherheit)
die alte Richterin von Kastelruth (mit Sicherheit)
Breunin bzw. Breinin
Kesslerin bzw. Kösslerin
Casperin, Gasperin
Cassianin
Bartlin von Ums
Tscheltnerin
Maurerin
Treindl Tagwerkerin
Blagerin aus Taisch
Tagwerkerin Schweigerin
Huberin
Messnerin von Moos
die Frau von Hans Reimrecht
die Schwaigerin von Tschoy
die Köchin ab Salegg
ein altes krummes Weib zu Kastelruth
Bodenlang
Meixnerin
Astnerin
die krumme Gret
Koflerin
Hans Messner
der alte Rungger zu St. Vigil
Hans Carnoder

die Kropf Anndl kam im März 1511 auf der Richtstätte in Bozen auf den Scheiterhaufen (Recherche von Dr. Hansjörg Rabanser)

**Geringere Delikte –
Urteil je nach Gewichtung und Strenge des Gerichts**

Die Els, Sennin auf Trostburg
die Madlen, jetzt in Barbian
Paganin aus Tiers
Pachofen aus Deutschnofen
Blanerin aus Eves
Bichlerin
Gasserin
Wagglerin
Tschiderin im Tal
Bayrin
die Margreth von Tagusens
NN, des Schmalzls Tochter
Michl Geiger
Niklas Bodenlang

*Nach einer aktuellen Recherche von Dr. Hansjörg Rabanser ist eine
weitere Angeklagte, **Margarete Brein**, nach längerer Haft „im Turm"
in Schloss Prösels nach einem Prozess in Innsbruck mit drakonischen
Auflagen in Freiheit gesetzt worden. Womöglich musste sie Urfehde
schwören und das Gericht Völs verlassen.*

Hexenprozesse 1506 und 1510: Opferbilanz

Zugrunde liegendes Datenmaterial: Die Urgichten (Eigenaussagen) von
Völs aus den Jahren 1506 und 1510, ehemals im Schloss Prösels, nun im
Ferdinandeum in Innsbruck aufliegend.

<u>Die Messnerin von Sankt Christanzen bekennt</u>
den Teufelspakt
eine Kindstötung
zwei Wetterzauberdelikte
drei Ausfahrten mit dem Teufel
die Absicht, den christlichen Glauben ausrotten zu wollen

Nachdem die anderen sechs Frauen, von denen Urgichten vorliegen, eine <u>größere</u> Anzahl von "Delikten" bekennen, kann die Urgicht der Messnerin von Sankt Christanzen als Referenzgröße verwendet werden.

Wenn man diese Vorgangsweise akzeptiert, ergibt sich bei Auswertung der durch die Denunzierungen erhobenen Angaben diese Opferbilanz:

✝ Anna Oberharder
✝ Anna Mioler
✝ Anna Jobst
✝ Juliana Winkler
✝ Katharina Haselrieder
✝ Katharina Moser
✝ Messnerin von St. Christanzen
✝ Kunigunde Bodenlang und
✝ Dorothea Unterharder - von ihr fehlt die Urgicht

...sind **infolge von Eigenaussagen** hingerichtet worden.

Weitere 20 Frauen, denen durch "Besagungen" (Denunzierung durch bereits Inhaftierte) zum Mindesten die "Schuldbilanz" der Messnerin von Sankt Christanzen anzulasten ist, sind nach Anlegung dieser Kriterien ebenfalls hingerichtet worden genauso wie zwei der „besagten" Männer.
Fünf Frauen, die ebenfalls belastet wurden, stammten aus anderen Gerichten (drei aus Kastelruth, eine aus Teis, eine vom Moserhof in St. Konstantin), ein Mann aus dem Gericht Kastelruth (St. Vigil).

Das vorliegende Datenmaterial, wie es aus den Eigenaussagen und aus den Besagungen der Frauen, von denen Urgichten erhalten geblieben sind, hervorgeht, **lässt auf eine Opferbilanz von insgesamt 30 Personen - 28 Frauen und zwei Männern - schließen.**
Je nach Verwendung des in der Halsgerichtsordnung dem Richter zugestandenen Spielraums kommen noch weitere 14 Personen aus unterschiedlichen Gerichten für eine Hinrichtung in Betracht.
Dr. Hansjörg Rabanser spricht im Zuge neuerer Untersuchungen von über 40 Frauen und etwa 7 Männern.

Protokollgrundlage

Von acht der neun im Verzeichnis der Sammlung Dipauliana (1226/5, Ferdinandeum, Innsbruck) aufgeführten wegen Hexerei angeklagten Frauen sind Urgichten = Eigenaussagen erhalten geblieben:

			1506	1510
1	Anna Oberharderin	Blatt 1 bis 5		x
2	Juliana Winklerin	Blatt 6 bis 13	x	
3	Anna Miolerin	Blatt 14 bis 23		x
4	Mesnerin von Sant Cristanzen	Blatt 24 bis 25	x?	
5	Katharina Moserin	Blatt 26 bis 28	x?	
6	Magdalena Astnerin	Blatt 29 (Deckblatt)	x?	
7	Kunigunde Bodenlangin	Blatt 30	x?	
8	Katharina Haselriederin	Blatt 31 und 33	x?	
9	Anna Jobstin	Blatt 34 bis 39	x	
	Dorothea Unterharderin	fehlende Urgicht		x

Dass es sich um kein umfassendes Verzeichnis handelt, dass vielmehr auf später aufgefundenes Material zurückgegriffen wird, zeigt das Deckblatt des Konvoluts: **Hexen = Prozesse des Gerichts Völs aus dem Archive des ehedem freiherrlich = Völsischen Schlosses Presels** sowie der Umstand der durchgehenden Nummerierung, die auch das bloße Deckblatt der Urgicht der Dorothea Unterharderin nicht auslässt, obwohl das Protokoll selbst fehlt.

Zusammenfassung Eigenaussagen, gestandene „Delikte"

Name	Teufels-Pakt / Beichte verweigert	Kind(er) gekratzt	Kinder gegessen, selber oder mit dem Teufel herbeigeschafft	Kinder gegessen, nicht selber bzw. von/mit anderen herbeigeschafft	Ausfahrten	Unwetter	Schadenzauber	Unzucht mit dem Teufel	Diebstähle, Lebensmittel	Position
Anna Oberharderin	ja ja		2	11	ja					
Anna Miolerin	ja		1	1	15		Weinzauber	ja	Rindfleisch, Fleisch, Wein Fleisch und Brot	Tanz-meisterin
Anna Jobstin	ja	2	1	2	ja, „der Teufel im Hafen" häufig		Milchzauber mit 5 Kräutern	ja, als „Königin von Engelland"	Wein, Kalb, Brote, viel Vieh	„Königin von Engelland"
Juliana Winklerin	ja	3 und ein Erwach-sener	2	8	viele	2			viel Vieh, Lamm, Kalb, Nüsse, Äpfel, Käse, Brot	
Anna Oberharderin	ja ja		3	11, weitere	15 Jahre				1 Stier, viel Vieh	
Katharina Moserin	ja ja			5		2			2 Ochsen, 1 Kuh, viel Vieh	
Messneren Von Sankt Christanzen	ja ja			1		2			3 Ochsen, viel Vieh	

Anna Jobst

Seiser Alm
Villanderer Alm
St. Martin in Ums
Auf der Woff, Steinwiese
Umser Feld

Juliana
Winkler

Schlern
Evesser Alm (Fassa)
Auf Vialers Wiesen
Schlern
Stangen (Jungbrunnen – Obervöls)
Messners Haus, Nussbaum
St. Martin in Ums
Wiese zu Verlay
Wegscheid oberhalb Breien
Weißeck
Wiese zu Vial beim Kalkofen
Woff unter Klobenstein
Auf der Woff, Steinwiese

Anna
Oberharder

Woff
Gfell bei Compatsch
Umser Feld
Gegen Vilzay

Anna Mioler	Terlan St. Christanzen Richtstatt bei Brixen Zwischen Trient und Eves (Fassa) Steinegg
Katharina Haselrieder	Behausung der Brainin ? in einer Pfinztagnacht Woff
Katharina Moser	Tierser Alm Leifers Ums Schlern Woff bei den Weihern (beim „Hexenstein") Woff bei den Weihern
Messnerin von Sankt Christanzen	Wegscheid Bray Welschnofen Schlern

<u>Hauptziele der Ausfahrten:</u>

Auf der Woff bei den Weihern, wohl „Hexenstein"	6 Nennungen
Schlern	4 Nennungen
Ums	3 Nennungen
Umser Feld	2 Nennungen

126

Anna Jobst	Milchzauber durch magisches Abmelken. Anna Jobst beschreibt, wie man von fremden Kühen Milch nimmt, indem man die Milch von einem Stock abmelkt.
	
	Anleitung:
	Man nehme 5 Kräuter, und zwar:
	   o Simbin, das Blaukraut
	   o Taubenwurz
	   o Das gelb blühende Kronkraut
	   o Wolfwurzenkraut und
	   o Schmerwurzenkraut
	
	Die Kräuter bringen die drei Beteiligten auf eine Wegscheid, „zerbläuen" sie im Namen aller Teufel und werfen sie mit der linken, keinesfalls aber mit der bloßen rechten Hand über den Kopf, sammeln sie dann wieder ein und stecken sie in drei Bündeln auf einen Stock oder einen Pfosten. Die drei Bündel werden dann dem Teufel übergeben. Daraufhin stecken sie ein Messer mitten in den Stock und sprechen: *„Gib in aller Teufel Namen Milch, soviel sie dess' bedürfen!"* Die Milch sei nicht besonders gut und würde den Bestohlenen fehlen (Eigentumsdelikt!).
	
	Gegenzauber:
	„Wenn man jemandem die Milch durch Zauberei verdirbt und entzieht, dann nimm mit der behandschuhten linken Hand ein Holzscheit und

	ziehe damit den Rahm von der Milch ab. Lass den Rahm auf dem Scheit, lege dieses auf eine Türschwelle und gib Acht, dass ja nichts vom aufgenommenen Rahm verloren geht, und sollte er herabfallen, dann nimm ihn mit dem Holzscheit wieder auf, zerschlage das Scheit mit einer ‚Schlegelhacke‘, hebe das zerschlagene Scheit mit der behandschuhten Linken auf und wirf es ins Feuer. Damit ist das Zauber gebrochen." Weiter: Nicht näher beschriebener Wetterzauber
Madlen von Barbian und Els von der Trostburg angezeigt von Anna Jobst	<u>Herstellung einer Flugsalbe</u>: Man besorge sich eine Kröte. Diese wird auf die Alm getrieben, dort wird ihr eine Krone aufgesetzt, hernach wird aus der Kröte die Salbe gewonnen (keine näheren Angaben zum Zauberspruch oder zur Rezeptur). Mit dieser Salbe werden die hölzernen Fluggeräte vor der Ausfahrt bestrichen.
Juliana Winkler	1. <u>Zauberformel zum Wettermachen</u>: *„Du böser Geist! Ich begebe mich in deine Gewalt und bitte dich, dass du das Wetter nach (Zielangabe) führst".* 2. <u>Wetterzauber</u> Anweisung des Teufels: *„Zieh einen Halm aus, wirf ihn in die Luft und vergiss den, der dir*

	am liebsten ist." Sie (Juliana Winkler) darauf: *„Es geschehe nach deinem Willen!"* Sie habe die Halme in die Luft geworfen, sie seien aber nicht wieder zu Boden gefallen. Da habe sie einen Nebel aufgehen sehen (…), in dem der Teufel verschwunden sei, und bald darauf sei ein Ungewitter gekommen und ein Hagel.
Anna Oberharder	<u>Der Spruch zum Ausfahren</u>: *„Oben und unten aus und nindert an."* Nach der Fahrt sei man etliche Tage *„schwach"*. <u>Eine Frühgeburt wird so herbeigehext</u>: Das Kind wird aus dem Mutterleib genommen, dann wird ihm *„im Namen aller tausend Teufel"* das Herz aus dem Leib genommen, dasselbe auf einer heißen Herdplatte gebraten und anschließend in gemeinsamer Hexenrunde verzehrt.
Anna Mioler	Anna Mioler berichtet von einem <u>Weinzauber</u>: Ein Rest Wein sei im Fass gelassen worden, dann habe sie mit dem Teufel ins Fass geblasen und es sei wieder Wein darin gewesen. Bei den Ausfahrten müssten Kinder, die im Haus schreien, während die wilde Jagd vorüber fährt, mit in die Fahrt und bald darauf sterben, falls sie nicht gesegnet sind. Wer geweihtes *„Elzenholz"* im Haus hat, sei vor Schaden sicher.

	Beim Ausfahren würde man in Erfahrung bringen, welche Priester sich betrinken oder sich mit einer Geliebten vergnügen.
Katharina Moser	Katharina Moser berichtet, die große Glocke des Völser Kirchturms vertreibe die von den Hexen gebrauten Gewitter, *„wenn man sie beizeiten läutet“*. Ferner berichtet sie, sie (die „Hexen“) könnten sich *„in mancherlei Gestalt verkehren“*, also ihr Erscheinungsbild nach Belieben verändern.

Rituelles Töten von Kindern:

Es wurde nach Ursachen für den damals wie heute unerklärlichen plötzlichen Kindstod gesucht. Die Erklärung fand man im (vorwegnehmenden) rituellen Töten eines Kindes im Verlauf eines Hexensabbats. Dem Kind wird dann für die Zeitspanne vom Sabbat bis zu seinem tatsächlichen Tod *„das Leben aufgesetzt".*

„Kratzen" von Kindern:

Vielleicht eine Anspielung an den ominösen rituellen Mord, den Trientner Juden am Kind **Simon von Trient** 1475 verübt haben sollen. Am Ostersonntag des Jahres 1475 wurde in einem Bach in Trient ein zwei-, nach anderen Quellen dreijähriges Kind vom Juden Samuel tot aufgefunden, das seit dem Gründonnerstag vermisst worden war. Zusammen mit anderen Mitgliedern der jüdischen Gemeinde meldete Samuel den Mord. In einem Aufsehen erregenden Prozess kam man auf der Basis von unter Folterungen erpressten Geständnissen der Juden zum Schluss, dass diese einen Ritualmord verübt und das unschuldige Kind langsam zu Tode gequält hätten. Es wurden insgesamt 14 Juden hingerichtet.

Bezeichnenderweise fand in eben diesem Jahr die Hexenjagd Heinrich Institoris' in Trient statt.

Einem ähnlichen Verbrechen - der Volksmeinung zufolge gleichfalls einem Ritualmord - war 13 Jahre zuvor Anderl von Rinn (1459-62) in Innsbruck zum Opfer gefallen.

Anschließend an das „Kratzen des Kindes" - aus dem Blut wird ein
„Pfeffer" = eine schwarze Suppe, gemacht - wird diese verspeist.
Im Fall des Kalkbrenners, der ebenfalls „gekratzt" wurde, sei eine
Art Brotaufstrich zubereitet worden.

Betroffene Höfe und Angaben aus den Urbaren
(Völser Dorfbuch)

GH: Grundherrschaft

St. Konstantin

Astner
Grundherren: Die Herren von Schenkenberg, seit 1501 sind die Herren
von Völs Erben der Schenkenberger Lehen (siehe: Salmseiner)
1510: *Die Astner, so izt zu St. Christanzen zu Ast sitzt*

Mesner
Der Kuchenmairhof zu Obervöls
1489: Lewerle, Sohn des Michael Schaller von Völs, Mesner zu St. Christanzen

Moser
GH: Die Herren von Völs
1506 Katharina Moser, Angeklagte im Völser Hexenprozess

Salmseiner:
Niclas Salmseiner, Geschworener im Völser Hexenprozess

Völser Ried

Haselried
GH: Benefizium beim Hl. Kreuz zu Zirl im oberen Inntal
1506 Katharina Haselrieder, Angeklagte im Völser Hexenprozess

Waggler
GH: Pflegurbar Ritten

Der Wagglerhof lag nicht im Gericht Völs, sondern im Burgfrieden zum Stein auf dem Ritten.
Die Wagglerin

Obervöls

<u>Braun</u>
1490: Hans Praun, Richter zu Völs

<u>Tschoy:</u>
1506 Geschworener im Völser Hexenprozess

Ums

<u>Moar in Ums</u>
1506, Hans Mayr, Geschworener im Völser Hexenprozess

<u>Winkler ?</u>

Prösels

<u>Grafoar</u>
1506 und 1510: Lienhard Graffair, Geschworener im Völser Hexenprozess

<u>Karnoder</u>
GH: Die St. Katharina-Kirche in der Pfarre Völs
1510 Hans Karnoder erwähnt

<u>Maurer</u>
GH: Die Herren zu Völs
Keine weiteren Angaben

<u>Mioler</u>
GH: Kloster Neustift

<u>Ramrecht</u>
GH: Herren von Völs
1506 Hans Reimrecht erwähnt im Völser Hexenprozess
Beschuldigte: Frau des Ramrecht
1506 Leonhard Reimrecht erwähnt als Geschworener im Völser Hexenprozess

Völser Aicha

<u>Oberharder</u>
GH: Herren von Völs
1501 beurkundet Anna Oberharderin, Aussage im Völser Hexenprozess

<u>Unterharder</u>
1510 Dorothea Unterharderin, sagt im Völser Hexenprozess aus

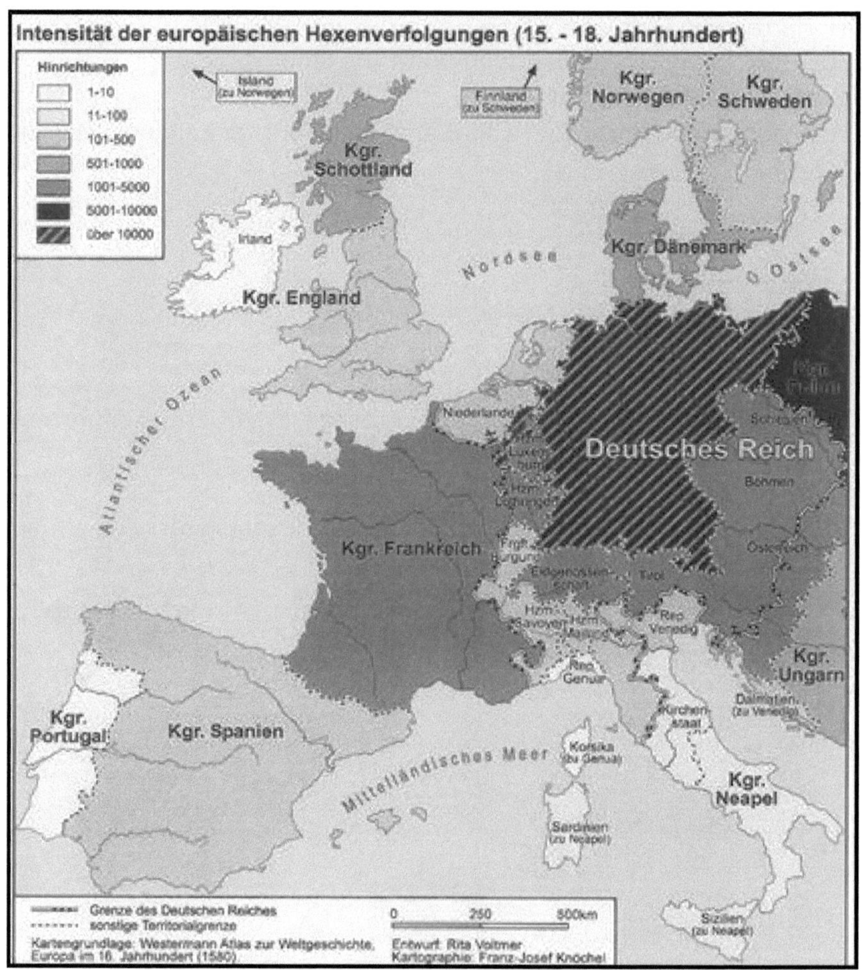

Intensität der europäischen Hexenverfolgungen (15. - 18. Jahrhundert)
Hinrichtungen
1-10
11-100
101-500
501-1000
1001-5000
5001-10000
über 10000
Island
(zu Norwegen)
Finnland
(zu Schweden)
Kgr. Norwegen
Kgr. Schweden
Kgr. Schottland
Irland
Kgr. England
Nordsee
Ostsee
Kgr. Dänemark
Atlantischer Ozean
Niederlande
Luxemburg
Lothringen
Deutsches Reich
Böhmen
Österreich
Kgr. Frankreich
Freigrafschaft Burgund
Eidgenossenschaft
Tirol
Hzm. Savoyen
Mailand
Rep. Venedig
Kgr. Ungarn
Rep. Genua
Kirchenstaat
Dalmatien (zu Venedig)
Kgr. Portugal
Kgr. Spanien
Korsika (zu Genua)
Mittelländisches Meer
Kgr. Neapel
Sardinien (zu Neapel)
Grenze des Deutschen Reiches
sonstige Territorialgrenze
0   250   500km
Kartengrundlage: Westermann Atlas zur Weltgeschichte,
Europa im 16. Jahrhundert (1580).
Entwurf: Rita Voltmer
Kartographie: Franz-Josef Knöchel
Sizilien (zu Neapel)

Es war einmal...war es einmal?

Sicher: Die Völser Hexenprozesse gehören der Vergangenheit an und viel Wasser ist seitdem den Völser Bach (und die anderen Bäche) hinuntergeflossen. Doch so ganz vergangen ist die Vergangenheit nun doch nicht. Hören Sie sich die beiden folgenden Fallgeschichten an:

Gehen wir an die hundert Jahre zurück. Schauplatz: Völs, genauer: der Moser-Hof in St. Konstantin.

Haben Sie – als Völser/in - schon einmal vom Moser-Goggl gehört?

Da saßen die Moserleut einmal zusammen mit ihren Knechten bei der Marende vor dem Haus. Es hatte zugezogen, ein gewittriger Sommernachmittag machte der Feldarbeit ein vorzeitiges Ende. Wind kam auf, es wurde dunkel, Wetterleuchten und erste schwere Regentropfen. Da sahen die Leute auf dem Hang gegenüber ein Licht hin und her wandern, immer hin und her. Dem Moser tat der arme Mensch draußen im Regen leid und er rief hinüber: „Mogsch nett unterschtian? Kimm lei her za ins." Da tat es einen gewaltigen „Schnöll", alles erfüllte sich mit beißendem Qualm – und von Stund an war beim Moser kein christliches Sein mehr. In der Nacht hörte man das Vieh, wie es aufgescheucht polterte und klumperte, und wenn der Moser in den Stall ging, um die Tiere zu beruhigen, fand er sie völlig verängstigt und schweißgebadet vor. Die Knechte, die oben in der Dachbodenkammer schliefen, fanden oft die ganze Nacht keine Ruhe, da die „Bettstatten" umherwanderten und es in der Kammer zum Gotterbarmen rumorte.

Ruhe kehrte erst ein, als der Pfarrer das Haus aussegnete und den Goggl (Satan) hinüber auf die Mendel bannte. Die Auflage: Es musste Tag und Nacht ein Liechtl brennen, sonst würde der Goggl unverzüglich wieder erscheinen.

Diese Geschichte hat sich in greifbarer zeitlicher Nähe zugetragen, und ältere Völser werden sich noch daran erinnern, dass in Mosers Küche ein „ewiges Lämpchen" brannte.

Dramatisches Detail am Rande: Der Moser-Hof ist das Heimathaus der im 1506er Prozess angeklagten Katharina Moser.

Von der Pafunser-Hex wissen Sie wohl auch nichts?

Der Hof ist schon vor vielleicht siebzig Jahren abgebrannt (wie man sagt: worden), und seitdem steht ein an sich ansehnlicher Einhof dort, der, den fernen Bozner Besitzern sei Dank, langsam vergammelt. Vorher lebte etwa um die Jahrhundertwende die alte Pafunserin dort, die, allein stehend, einige Kinder in Pflege genommen hatte und ihnen eine gute Ziehmutter war. Dennoch sagten die Leute damals, dass sie eine Hexe sei. Auch der damalige Pfarrer habe das einmal bei einer Predigt verlauten lassen: Er kenne nur eine einzige Hexe in der Völser Gemeinde, und das sei die Pafunserin. Meine Mutter, die auf dem angrenzenden Aichner-Hof aufgewachsen ist, hörte die Geschichte von ihrem Vater, der erzählte, dass die Pafunserin einmal von einem benachbarten Bauern das Pferd zum Pflügen ausleihen wollte. Der Bauer habe ihr das Pferd jedoch nicht geliehen, da er gerade seinerseits bei der Feldarbeit war. Da sagte die Pafunserin im uns aus der Vergangenheit bekannten Verwünschungs-Jargon: „Wort lei, du wersch net long a Freid ban Baun hobm." Und tatsächlich ist das Pferd wenig später auf einem schrägen Hang zu Tode gestürzt.

Auch die folgende Geschichte könnte sich so durchaus nahtlos in eine Urgicht einfügen und Sie würden den Einschub als solchen nicht erkennen. Die Pafunserin sei einmal in St. Oswald mit jemandem in Streit geraten, da habe sie vom Pafunser-Hof aus den Toaswoldern die Milch ferngemolken, indem sie ein Heutuch melkte, was zur Folge hatte, dass die Kühe im fernen St. Oswald nur mehr Blut gaben.

138

Diese wahren Begebenheiten (wahr in diesem Sinne, dass die Leute daran geglaubt haben) schlagen eigentlich einen überraschenden Bogen von der fernen Zeit der Hexenverfolgungen herauf in die jüngere Vergangenheit.

Jede Zeit hat ihre Glaubenssätze, hält Erklärungsmodelle und selbstgestrickte Hypothesen bereit und bietet damit „Hilfen" an, um Unerklärliches, Ängstigendes und Widersprüchliches in einen wie auch immer gearteten, aber auf das jeweilige Denken und auf das entsprechende Vorstellungsvermögen bezogenen Sinnzusammenhang zu bringen. Wir versuchen, die Welt mit den Mitteln, die die jeweilige Epoche anbietet, zu ordnen, erklärbar zu machen. Wenn Dämonen nötig sind, um Unerklärliches erklärbar zu machen, dann wird man Dämonen dafür strapazieren.

Der Mensch, in welche Zeit auch immer hineingeboren, strebt nach Sinn. In der Zeit der Hexenverfolgungen haben diese Bestrebungen Tausenden von Menschen das Leben gekostet.
Sie werden sagen: Dieser Wahnsinn ist in der heutigen Zeit nicht mehr möglich!
Aber auch diesbezüglich wartet eine Enttäuschung auf Sie: Im Norden Südafrikas, insbesondere in Gebieten mit traditionellen Religionen, werden jedes Jahr Hunderte von Männern und Frauen der Hexerei angeklagt. Es kommt immer wieder zu Lynchjustiz und Hinrichtungen.
In Tansania werden jedes Jahr Hunderte Frauen wegen Hexerei angeklagt, verstümmelt oder gar getötet.
Und der Okkultismus ist nicht nur in den Vereinigten Staaten, sondern auch bei uns eine Bewegung mit einer steigenden Community.
Zurzeit zeigen so genannte „Fake News" auf, wie leichtgläubig auch wir Kinder des angebrochenen dritten Jahrtausends sind. Trotz fortschrittlichster Technik, obwohl uns psychologische und soziologische Mechanismen mittlerweile bestens vertraut sind, sind wir nicht vor Leichtgläubigkeit und Verführung gefeit. Glauben und Meinen stehen im Kampf zueinander und allzu leicht obsiegt das Irrationale.

Es gibt Leute, und vielleicht gehören Sie ja zu denen, die behaupten, man könne aus der Geschichte lernen. Man kann Geschichte lernen, das schon, aber <u>aus</u> der Geschichte??

Einige Dinge können wir durchaus lernen:

> ➢ dass Foltergeständnisse für die Wahrheitsfindung wertlos sind; es gibt viele „Guantanamos" auf der Welt. Amnesty International veröffentlicht einen jährlichen Folterbericht;

> ➢ wie wichtig die „Erfindung" der Gewaltenteilung zum Schutz der Rechte des Einzelnen ist (die inquisitorische Prozessordnung vereinte Ankläger, Richter und Geschworene zu einem einheitlichen Apparat);

> ➢ dass die Figur der Hexe ein Konstrukt ist, mithin nie existierte und auch heute nicht existiert, auch wenn von selbsternannten „Hexen" weltweit gegen Bezahlung Dienste in "weißer Magie" angeboten werden (das Internet ist voll von solchen Angeboten);

> ➢ dass das Bild, das Männer von Frauen haben, auch das Bild, das Frauen von sich haben, <u>entstanden</u> ist – es war nicht immer so da. Keinesfalls sind Frauen von Natur aus so, wie sie die alte und mittelalterliche Welt bis in die Neuzeit herein sehen wollte. Und das überkommene, von Männern konstruierte und ungefragt über die Jahrhunderte weiter tradierte Bild einer weniger wertigen Frau führt auch heute noch zu Benachteiligungen;

> ➢ dass es eine Tendenz gibt, in Zeiten der Not Bevölkerungsgruppen auszugrenzen und verantwortlich zu machen für

das eigene Unbehagen, für das eigene Problem (aktuell: die Migration);

> ➢ dass Gerüchte schnell in die Welt gesetzt sind und ein dä-monisches Eigenleben entwickeln, dass sie ab einem gewissen Punkt kaum mehr zu kontrollieren oder gar zu stoppen sind (Social Media!).

Haben wir den Mut, eine solche einmal entstandene unheilvolle Dynamik zu entlarven. Stellen wir uns dagegen, denken wir selbstständig und vertreten wir unseren Standpunkt, auch wenn er unpopulär ist und uns Mut abverlangt. Gerade ganz aktuell führen uns Vertreter/innen politischer populistischer Strömungen vor, welchen horrenden Schaden am Gemeinwesen leichtfertig oder absichtlich in die Welt gesetzte Falschmeldungen bewirken können – und tatsächlich bewirken.

Verwahren wir uns dagegen, einzelnen Menschen wie damals den Inquisitoren uneingeschränkte Macht zu geben - sie können, nein: sie <u>werden</u> sie missbrauchen.

Elmar Perkmann

Ausklang

Die Reise, Leser, hat uns fortgetragen
In ferne Tage und in eine ferne Zeit
In eine Welt voll Schrecken, Klagen
Zurück in unsere Vergangenheit.

Es waren Fürsten, Päpste, Bauern,
Die alte Schuld, wie ist sie nah!
Das was uns bleibt ist Mitleid und Bedauern
Und Wissen, was in unserm Dorf geschah.

Ich kann's nicht ändern, sagst du, ja, es ist nicht schön
Wir wollen Tote ruhen lassen und die alte Zeit
Das Unrecht ist nun mal geschehn
Was können wir für dieses alte Leid?

Noch immer suchen wir die Schuld vor allen Dingen
Bei anderen, Verantwortung bei dem und der
Nur nicht bei uns, das will uns nicht gelingen.
Sie anzunehmen fällt auch heute schwer.

Auch heute noch sind Meinungen und Wissen
Verwoben und verquickt in wilder Anarchie
Fehlen Erklärungen, dann greifen
Wir schnell zu Glauben oder zur Magie.

Es rauchen keine Kästen mehr, es brennt kein Feuer
Was sich geändert hat ist dennoch gar nicht viel
Das Foltern und Verleumden sind moderner, neuer
Die Mittel haben sich geändert und der Stil.

Wer kann das Schloss mit seiner Last verstehen?
Ein Nebelband hat es verschämt versteckt;
Mit all dem Gräuel, das in ihm geschehen
dem Leid, das unerlöst in seinen Mauern steckt.

Glossar

AKIH	Arbeitskreis interdisziplinärer Hexenforschung - http://www.uni-saarland.de/lehrstuhl/frueheneuzeit/akih.html
Analogiezauber	Die Idee hinter analogie-magischen Vorstellungen ist, dass eine Substanz A durch ein verbindendes Ritual irgendeinen Einfluss auf die Substanz B nehmen könnte. Diese Annahme beruht auf einer offensichtlichen oder mythischen Ähnlichkeit zwischen den beiden Substanzen. Man geht also davon aus, dass hinreichend *Gleiches* etwas *Gleiches* bewirken könne (similis-similibus-Prinzip).
antagonistisch	gegensätzlich
Astronomus, Astrologe	Jemand, der sich mit der Sterndeutung befasst. Damals bestand noch keine Trennung zwischen Astronomie (Wissenschaft von den Himmelskörpern und den im Weltall herrschenden Gesetzen) und der Astrologie, die sich mit der Deutung der Gestirne und der Beziehungen zwischen den Gestirnen befasst.
Besagungen	Denunzieren von Mitschuldigen, Anzeigen
Blutgerichtsbarkeit	Die Blutgerichtsbarkeit, auch als Blutbann, Hochgerichtsbarkeit oder Halsgerichtsbarkeit bekannt, war die peinliche Gerichtsbarkeit („peinlich" bezieht sich auf das lateinische „poena", übersetzt „Strafe") über Straftaten, die mit Verstümmelungen oder mit dem Tode bestraft werden konnten, also „blutige Strafen" waren .Dies waren vor allem Straftaten wie Raub und Mord, Diebstahl, Notzucht, Homosexualität, Hexerei, Zauberei oder Kindesmord. Die Hin-

	richtungsformen bei einem Todesurteil unterschieden sich jeweils nach dem Verbrechen (z. B. für Kindesmörderinnen das Ertränken oder für Zauberei der Feuertod oder das Rädern bei Mord).
Bulle, Hexenbulle	Päpstliche Bulle oder kurz Bulle ist in der katholischen Kirche die Bezeichnung für eine in feierlichster Form ausgefertigte und besiegelte Urkunde, die die wichtigsten Rechtsakte des Papstes betrifft. Offizieller Name ist litterae apostolicae oder litterae apostolicae sub plumbo. Die „Bulle" trägt ihren Namen vom Bleisiegel, mit dem die Papsturkunden des Mittelalters und der frühen Neuzeit besiegelt waren. Die „Hexenbulle", von Papst Innozenz VIII. im Jahr 1484 veröffentlicht, – korrekter Name: „Summis affectibus desiderantes" = Mit heißem Begehren" – markiert die Verfolgung der „Hexen" im großen Stil.
Büttenpapier	Handgeschöpftes Papier
Cautio Criminalis	In diesem Buch stellte Friedrich von Spee die damalige Praxis der Hexenverfolgung in Frage, ohne allerdings die Existenz von Hexen grundsätzlich zu verneinen.
„Claudiana"	Die Gerichtsordnung Kaiser Karls V. von 1532
Crimen exceptum	Ausnahmeverbrechen wie Ketzerei, Zauberei.
Dämon	Nach christlicher Lehre sind die Dämonen, auch unreine Geister genannt, einst Engel gewesen, die Gott dienten. Der Engelfürst, Satan, lehnte sich gegen Gott auf, da er selbst Gott sein wollte. Erzengel Michael besiegte die abtrünnigen Engel, die seitdem als Dämonen mit Gottes Zulassung Menschen als Prüfung und Läuterung unsichtbar bedrängen, besetzen und in Versuchung bringen.

Denunziant	Jemand, der andere eines Verbrechens beschuldigt.
Disputation	Gelehrte Abhandlung einer Problemstellung.
dualistisch, Dualismus	Eine Weltsicht, die alles Seiende in Gegensatzpaaren wahrnimmt. Auf der einen Seite befänden sich die Engel, auf der anderen die Teufel. Der Mensch sei diesem Dualismus machtlos ausgesetzt. Die Welt sei in Gut und Böse eingeteilt, die sich feindlich gegenüber stünden.
flRh	Der Rheinische Goldgulden war bis in die Neuzeit von zentraler Bedeutung für das deutsche Geldwesen. Er entwickelte sich zur verbreitetsten Fernhandelsmünze in Böhmen, Ungarn, Deutschland, der Schweiz, Österreich, den Niederlanden, Spanien und Frankreich. Nicht nur Gold-, sondern auch Silbermünzen (Tirol!) wurden in ihrem Wert nach rheinischen Gulden bewertet und damit ihr Kurs (Zahlwert) festgesetzt. Als Goldmünze wurde der rheinische Gulden allmählich vom Taler und Dukaten abgelöst. Als Rechnungsmünze zu 60 Kreuzern bestand der rheinische Gulden noch bis ins 17. Jh. fort.
Flugsalbe	Von Hexen aus obskuren Ausgangsstoffen (Krötenfett usw.) hergestellte Salbe, mit der Fluggeräte eingeschmiert und auf diese Weise flugtauglich gemacht wurden.
Folter, Marter	Zufügung von seelischen und/oder körperlichen Schmerzen mittels eigener Vorrichtungen und Geräte zum Zweck der Wahrheitsfindung (die auf diese Weise aber nicht erreicht werden konnte).
Gericht, Gerichtsgemeinde	Damalige kleinräumige politische Gliederung; die Grafschaft Tirol war in Gerichte eingeteilt.

146

Geschlechter-stereotype	Geschlechterrolle oder Geschlechtsrolle nennt man die Verhaltensweisen, die in einer Kultur für ein bestimmtes Geschlecht als typisch oder akzeptabel gelten, oder die Verhaltensweisen eines Menschen, die dieser mit seiner Geschlechtsidentität in Verbindung bringt und mit denen er seine Geschlechtsidentität zum Ausdruck bringen will.
Häretiker	Irrlehrer, jemand, der sich vom „rechten Glauben" abwendet und eine von den Lehren der katholischen Kirche abweichende Glaubensrichtung vertritt oder lehrt. Auf dieses „Verbrechen" stand die Todesstrafe durch Verbrennen.
Hexe, „Hagazussa"	Aus germanisch „hagazussa", was „Zaun-Reiterin" bedeutet. Eine Zaun-Reiterin ist eine Frau, die sich in mehrfacher Hinsicht „ungeziemlich" benimmt. Im keltischen Raum verstand man darunter ein weibliches Wesen, das nach Belieben zwischen beiden Welten, der „normalen" und der jenseitigen, wechseln kann und entsprechendes Wissen und entsprechenden Einfluss auf das Wohl und Wehe der Menschen besitzt. Die beiden Teilbegriffe sind noch im Wort „Hexe" aus „haga" und dialektal „Zussl","zussa" erkennbar.
Hexenhammer	Eigentlich „Malleus Maleficarum", eine pseudowissenschaftliche Abhandlung über das Hexenwesen und zugleich ein Instrumentarium zur Abwicklung von Hexenprozessen. Siehe „Malleus Maleficarum".
Hexenproben	In Tirol offiziell nicht zur Anwendung gekommene Verfahren, um eine Hexe zu „entdecken". Es gab die Feuerprobe, die Wasserprobe, das Suchen nach Hexenmalen usw.

Hexensabbat	Zusammenkunft von Hexen mit dem Teufel. Bei dieser Gelegenheit wurden Kinder geschlachtet, gesotten bzw. gebraten und gegessen, gestohlenes Vieh verzehrt und gestohlene Getränke konsumiert. Es wurde aufgespielt und auf ausgelassene Weise getanzt. Mitunter kam es auch zu unzüchtigen Handlungen mit dem Teufel.
Humanismus	Optimistische Einschätzung der Fähigkeit der Menschheit, zu einer besseren Existenzform zu finden. Es wird ein Gesellschafts- und insbesondere Bildungsideal entworfen, dessen Verwirklichung jedem Menschen die bestmögliche Persönlichkeitsentfaltung ermöglichen soll. Damit verbindet sich Kritik an bestehenden Verhältnissen, die aus humanistischer Sicht diesem Ziel entgegenstehen. (Wikipedia, gekürzt)
Incubus	Incubi sind männliche Dämonen. Sie ernährten sich von den Lebenskräften schlafender Frauen, die sie des Nachts besuchen und sich mit ihnen paaren.
Inquisition, Inquisitor	Die von kirchlicher Seite betriebene systematische Aufspürung, Aburteilung und Hinrichtung von Häretikern. Vom päpstlichen Stuhl wurden geeignete zweckdienlich Priester mit dieser Aufgabe betraut. Oft kamen sie aus dem Orden der Dominikaner und der Franziskaner.
kanonisch	kirchengesetzlich
Katharer	„Die Reinen": Eine vom katholischen Glauben abgefallene Glaubensgemeinschaft im Hochmittelalter. Ihr aus dem Griechischen abgeleiteter Name wurde zum Sammelbegriff für alle „Abgefallenen": „Ketzer".
Ketzer	Siehe „Häretiker"

Kreuzzug	Systematische, zumeist fanatische und mit aller Brutalität geführte Verfolgung von Andersgläubigen.
Kuntersweg	Kuntersweg: Der Bozner Bürger gleichen Namens erschloss den Weg zwischen Kardaun und Kollmann durch einen teilweise auf den Mittelgebirgen führenden Saumweg. Er besaß Privilegcharakter: Zoll (Weggeld) musste bei seiner Benutzung entrichtet werden Unter Herzog Sigismund wurde der ursprüngliche Saumweg zu einer regelrechten Straße ausgebaut.
Laienspiegel (Layenspiegel)	Ulrich Tengler übersetzte den „Hexenhammer" ins Deutsche und versah ihn mit einem juridisch relevanten Kommentar. Diese Übersetzung wurde in der Folge von Richtern als Prozessordnung bei Hexenprozessen verwendet.
Landrichter	Landrichter waren die Richter der Stadt- und Landgerichte und besaßen das Recht der Blutgerichtsbarkeit.
Magie	Magie (von griechisch μαγεία, *mageía* aus persisch *mag*) bezeichnet die Versuche, geistig-intuitive Fähigkeiten einzusetzen, um Veränderungen sowohl im Diesseits als auch im Jenseits herbeizuführen. Dabei wird durch den Magier auf Vorstellungen und Methoden zurückgegriffen, die sich einer rationalen Überprüfbarkeit größtenteils entziehen.
Malefiz-gerichtsbarkeit	Auch: Blutgerichtsbarkeit, die über schwere Delikte wie Mord, Totschlag, schwere Unzucht, Zauberei zu richten hatte.
Malgrei, Malgerey	Vergleichbar mit der heutigen Fraktion = damals kleinste Verwaltungseinheit einer Gerichtsgemeinde.
Malleus	Heinrich Kramer genannt Institoris sammelte in diesem Buch weit verbreitete Ansichten über

Maleficarum	die Hexen und Magier. Im *Hexenhammer* werden die bestehenden Vorurteile übersichtlich präsentiert und mit einer vermeintlich wissenschaftlichen Argumentation begründet. Durch klare Regeln wird eine systematische Verfolgung und Vernichtung der Hexen ermöglicht. Der *Hexenhammer* entstand, als Kramer mit einer Inquisition in Innsbruck in der Diözese Brixen scheiterte. Als Reaktion auf diese Niederlage verfasste er seinen Traktat, um seine Position zu stärken und die Verfolgung vor den Gegnern zu rechtfertigen.
Mystik	Eine spezielle „Nischen-Form" in vielen Religionen, in denen eine Begegnung mit dem göttlichen Prinzip über mystische Versenkung, also über gefühlsmäßige Verbindung und geistige Verschmelzung hergestellt werden soll.
Peinliche Befragung	Vernehmung unter Einsatz der Folter
Pontifex Maximus	Vom römischen Hohepriester abgeleitete Bezeichnung für den Mittler zwischen den Menschen und den Göttern. Der Begriff bedeutet „Oberster Brückenbauer", diese Bezeichnung wird in der katholischen Kirche für den Papst verwendet.
Pontifikat	Regierungszeitraum eines Papstes.
Pranger, Prangerstellen	Der Pranger oder Schandpfahl war ein Strafwerkzeug in Form einer Säule, einer Plattform oder eines Holzpfostens, an denen ein Delinquent gefesselt und öffentlich vorgeführt wurde. Die Strafe bestand vor allem in der öffentlichen Schande, welche der Verurteilte zu erdulden hatte und die vielfach ein "normales" Weiterleben in der Gemeinschaft unmöglich machte oder sehr erschwerte. Auch war der Bestrafte den Schmähungen der Passanten ausgesetzt, die für

	ihn nicht ungefährlich waren. Auch das Bewerfen der betroffenen Person mit Gegenständen (Steinigung) und das Prügeln waren üblich. In Völs ist ein Pranger seit dem 17. Jahrhundert bezeugt; es hat ihn aber sicher schon früher gegeben. Er stand auf dem Dorfplatz vor der Kirche.
Reformation, Gegenreformation	Die von Hus, Luther, Calvin, Zwingli u.a. ausgelöste Reformbewegungen in der katholischen Kirche mit Abspaltungen und Bildung neuer Konfessionen. Die Gegenreformation war die vorwiegend von Jesuiten geführte Bestrebung, die abtrünnigen Christen wieder zur katholischen Kirche zurückzuführen.
Regesten	Als Regest (lat. *res gestae* = "die getanen Dinge") bezeichnet man die Zusammenfassung des rechtsrelevanten Inhalts einer mittelalterlichen und frühneuzeitlichen Urkunde. Hier: Die „Buchführung" der Raitkammer zu Innsbruck im Namen Maximilians I. mit der tagebuchartig verfassten Protokollierung der vorgenommenen Amtshandlungen und Zahlungen bzw. Einnahmen.
Renaissance	Die Epoche der *Renaissance* wird deshalb so bezeichnet, weil die Wiedergeburt der Antike (re-naissance = ri-nascita, also: Wiedergeburt) eines der Ideale jener Zeit war. Diese Wiedergeburt des antiken Geistes schlug sich besonders in den Künsten und ihren neuen, als fortschrittlich empfundenen Prinzipien nieder, in denen die mystisch orientierte Weltsicht des Mittelalters von diesseitiger, mathematisch-wissenschaftlicher Klarheit abgelöst wurde. Man kann die Renaissance als Beginn der neuzeitlichen auf den Menschen hin orientierte Weltsicht be-

	greifen. Der Renaissance voraus ging die kunstgeschichtliche Epoche der Gotik, der Renaissance folgte das Barock.
Schadenzauber	Der Schadenzauber war Bestandteil des Hexereibegriffs. Mit bestimmten Zaubermitteln wie Kräutern, Teilen von Tier- oder Menschenkörpern, durch Zaubersprüche und Flüche, aber auch durch die bloße Berührung oder sogar nur durch einen Blick ("Böser Blick") konnten Hexen angeblich Menschen und Tiere schädigen oder töten und Einfluss auf die Natur nehmen. Der Vorwurf des Schadenzaubers diente den Menschen zur Deutung von Unglücksfällen aus dem Alltagsleben wie Krankheit oder Tod. Beispiele sind etwa Vorstellungen, dass durch „Zauberei" Unwetter oder Krankheiten beim Vieh und bei Menschen (z.B. sog. Hexenschuss, Impotenz) ausgelöst werden konnten. Für die Menschen in der Frühen Neuzeit stand fest, dass Hexen durch den Teufel dazu gebracht werden konnten, anderen Schaden zuzufügen, und sie dann im Schadenfall den Tod auf dem Scheiterhaufen zu erwarten hatten.
Scharfrichter	Auch: Züchtiger oder Nachrichter. Er war der Spezialist zur Durchführung peinlicher Befragungen und zur Abwicklung von Verstümmelungsstrafen und Hinrichtungen.
Schöffen	Geschworene bei einem Malefizprozess. Die Tiroler Halsgerichtsordnung von 1499 sah in einem solchen Fall neben dem Richter zwölf Geschworene vor.
Scholastik	Scholastik, abgeleitet vom mittellateinischen *scholasticus* "Schulmeister", ist eine wissenschaftliche Denkweise und Methode, die in der mittelalterlichen lateinischsprachigen Gelehrtenwelt entwickelt wurde. Vorstufen entstanden im Hochmittelalter. Im Spätmittelalter wurde

	diese Methode voll ausgebildet und beherrschte das gesamte höhere Bildungswesen. Noch in der Frühen Neuzeit war sie an Universitäten und Bildungseinrichtungen maßgeblich.
Schwarze Magie	Die schwarzmagische Praxis kann Außenstehenden Schaden zufügen - als zufällige Nebenerscheinung einer magischen Wirkung oder als gezielt gerichtete Negativwirkung. Somit kennt die Schwarzmagie u.a. Schadenzauber, der überdies auch als Ursprung von Krankheiten gelten kann. Des Weiteren sind Beherrschungszauber bekannt sowie Liebeszauber. Zu den weiteren Möglichkeiten schwarzmagischer Praxis werden auch das In Kontakt Treten und Paktieren mit Dämonen (Dämonologie) gerechnet.
Stigma, Hexenmal	Das Hexenmal ist ein angebliches Zeichen, das der Teufel nach Abschluss eines Bündnisses (Teufelspakt) vermeintlichen Hexen oder auch Hexenmeistern gleichsam wie einen Stempel auf die Haut drückte. Die Hexengläubigen der Frühen Neuzeit glaubten es in besonders auffallenden Muttermalen oder dergleichen Hautunregelmäßigkeiten zu erkennen. Da fast jeder Mensch irgendwo auf seinem Körper eine solche Stelle aufweist, konnte man im Rahmen der Hexenprozesse bei gezielter Suche bei fast jeder Angeklagten bzw. jedem Angeklagten einen solchen „Beweis" finden. Um ganz sicher zu gehen, ob es sich bei der vorgefundenen Hautunregelmäßigkeit auch tatsächlich um ein Hexenmal handelte, wurde in der Regel die so genannte Nadelprobe durchgeführt. Hierbei kam die Vorstellung zum Tragen, dass diese Hexenmale schmerzunempfindliche Stellen seien.
	Succubus, Mehrzahl Succubi, von lateinisch „succumere" = unten liegen, ist ein mit einem

Succubus	Mann buhlender weiblicher Teufel, demnach das weibliche Gegenstück zum männlich gedachten Incubus.
Synchronizität, synchron	Hier: Gleichzeitiges Zusammentreffen zweier nicht in gegenseitiger Abhängigkeit stehender Ereignisse
Teufelsbuhlschaft	Teufelsbuhlschaft bedeutet Eheschließung und intime (sexuelle) Beziehung mit Satan. Das Wort Teufelsbuhlschaft enthält den aus der Mode gekommenen Ausdruck „Buhlschaft", was die Geliebte bedeuten kann oder auch Ehe, Verlobung und sexuelle Beziehung (buhlen). Allgemein gebräuchlich ist heute noch das Wort „Nebenbuhler".
Teufelspakt	Unter Teufelspakt verstand man ein Bündnis zwischen dem Teufel und einem Menschen (dem „Teufelsbündler"). Dabei verschreibt der Mensch dem Teufel seine Seele für die Zeit nach seinem Tod. Als Gegenleistung hilft der Teufel diesem Menschen bei verschiedenen Zaubereien oder Hexereien, die aufgrund des vorausgegangenen Teufelspaktes in den Bereich der so genannten schwarzen Magie einzuordnen sind. Der Teufelspakt stellt eines der fünf wichtigsten Elemente dar, die erfüllt sein mussten, um einen Menschen nach der frühneuzeitlichen Hexenlehre als Hexe oder Hexenmeister verurteilen zu können.
Traktat	Traktate werden bzw. wurden häufig zur Verbreitung religiöser u.a. Ideen eingesetzt. Sie erheben in diesem Zusammenhang keinen wissenschaftlichen Anspruch, sondern zielen vielmehr darauf ab, die betreffenden Ideen allgemein verständlich und mit großer Überzeugungskraft darzustellen. Sie werden zu diesem Zweck in Form von Faltblättern oder kleinen Heftchen in

	große Auflage gedruckt und meist kostenlos verteilt.
Unholdinnen	Diejenigen Frauen, die nicht in der „Huld", also „von schädlichem Wesen" sind. Eine gegensätzliche - positive - Figur ist die vom Märchen her bekannte Frau Holle.
Urfehde	Die Urfehde umfasste das Versprechen eines entlassenen und des Landes verwiesenen Verhafteten, das Land, aus welchem er verwiesen wurde, nicht wieder zu betreten, noch sich an dessen Bewohnern rächen zu wollen. Auf der einen Seite ergänzte die Urfehde als zusätzliches Instrument die Strafverfolgung, auf der anderen Seite wurde diese aber auch als Strafe an sich ausgesprochen und übernahm als Gnadeninstrument des mittelalterlichen Rechts eine ähnliche Funktion wie die Bewährungsstrafen der modernen Rechtsprechung.
Urgichten	Als Urgicht bezeichnet man ein Verfahrenselement der Gerichtsbarkeit aus dem frühen und hohen Mittelalter. Unter Urgicht *(ahd. "urgiht" oder auch "urbar" = hervorbringen, herausbringen)* versteht man ein „hervorgebrachtes (Bekenntnis)". Daraus wurde später das Geständnis eines Angeklagten, sich in allen vorgetragenen Anklagepunkten für schuldig zu bekennen. Erst nach der Urgicht konnte das Gericht sein Endurteil fällen. Blieb die Urgicht jedoch aus, obwohl dringender Tatverdacht beim Angeklagten bestand, konnte mittels der *"peinlichen Befragung"* (Folter) eine Urgicht "herbeigeführt" werden.
	Voodoo wird landläufig als auch noch in der heutigen Zeit praktizierte *schwarze Kunst* oder schwarze Magie angesehen. Genährt wurden

Voodoo	diese Vorstellungen durch die Praktiken des Totenkults und den Glauben an die Wiederbelebung längst Verstorbener. Es gab auch Gerüchte über die Tötung von Kindern. Voodoo-Zauberer sollten angeblich das Blut der Kinder für geheimnisvolle Zeremonien verwendet haben. Auch heute soll es magische Rituale geben, bei denen Tiere geopfert werden. Voodoo-Puppen: Ein bekannter Brauch ist die Verwendung von Voodoo-Puppen, die oft einem bestimmten Menschen nachgebildet sind. Durch das Stechen in die Puppe oder sogar regelrechtes Durchbohren mit Nadeln sollen dem Betroffenen Schmerzen zugefügt werden. Jedoch werden Voodoo-Puppen angeblich auch zum Heilen von Kranken benutzt. – Diese Praktiken erinnern frappant an die im Mittelalter Hexen zugeschriebenen schwarzmagischen Tätigkeiten.
Zauberei	Der Begriff Zauber wird in der Völkerkunde und der Religionswissenschaft zur Bezeichnung von magischen Handlungen und Praktiken verwendet. Zauber werden meist eingesetzt zum Schutz der eigenen Person oder zur Abwehr feindlicher Mächte (Abwehrzauber). Meist handelt es sich um Analogiezauber (siehe dort), bei denen eine Handlung symbolhaft eingesetzt wird, um einen bestimmten Zweck zu erreichen.
Zehent	Man unterschied zwischen Großzehnt und Kleinzehnt: Der Großzehnt war analog der Bibel auf Getreide und meist war Großvieh zu entrichten. Der Kleinzehnt war zusätzlich auf andere Feldfrüchte als *Fruchtzehnt* (Küchenkräuter, Obst, Gemüse) und Kleinvieh zu entrichten. Was genau kleinzehntpflichtig war, war örtlich unterschiedlich. Daneben entwickelten sich weitere Zehntarten, die ebenfalls von Ort zu Ort unterschiedlich erhoben wurden: Der Weinzehnt

	war auf gekelterte Weine zu entrichten; der Heuzehnt auf geerntetes Heu; der Holzzehnt auf geschlagenes Holz; der Fleisch- oder Blutzehnt auf geschlachtete Tiere bzw. Tierprodukte wie Fleisch, Eier und Milch; der Neubruchzehnt oder Novalzehnt auf Neubruch, das heißt auf durch Rodung nutzbar gemachtes Land.
Züchtiger	Nachrichter. Siehe Scharfrichter

Verwendete Literatur und Bildquellen

Textquellen

Heinrich Institoris: Malleus Maleficarum ("Hexenhammer"); Friedrich von Spee: Cautio Criminalis; Canon Episcopi; Völser Dorfbuch; Kastelruther Dorfbuch; Hans Benedikter: Hexen und Zauberer in Tirol; Ludwig Rapp: Die Hexenprozesse und ihre Gegner in Tirol; Martha Sölva: Die Produktion der Geburt unter dem Aspekt ihrer Verdrängung, Dissertation; Anselm Sparber: Kirchengeschichte Tirols; Regesten Maximilians I. von 1499, 1500, 1501; verschiedene Artikel in Wikipedia; Heinz Moser: Die Scharfrichter von Tirol; Arno Borst: Das Leben im Mittelalter; Aradia: Die Lehre der Hexen; Michael Forcher: Tirols Geschichte in Wort und Bild.
Vor allem auch Hansjörg Rabanser: Hexenwahn: Schicksale und Hintergründe und weitere Literatur in Form von Artikeln und Fachaufsätzen.

Zum Teil wurden bibliografische Verweise direkt in den Text eingefügt, wenn es sich um Direktentnahmen in Form von Zitaten handelte.

Bildquellen

Eigene Aufnahmen. Ferner
www.sbg.ac.at; Wikipedia; www.nationmaster.com; Geschichteatlas;
www.india.de; www.sfn.uni.muenchen.de; www.unipublic.unizh.ch;
www.uni-osnabrueck.de; www.noosfere.org; www.payer.de;
www.home.egge.net; www.forum.darkness.com; www.scharfrich-
ter.org; Terra X: Kolumbus; S.23; www.valesiascuole.it

Inhalt	Quelle
Schloss Prösels	eigene Aufnahme
Ländliches Motiv	Image5 www.sbg.ac.at
Krüppel	Wikipedia
Bäckerei	Image6 www.sbg.ac.at
Europakarte	Geschichteatlas
Landesfürst	Wikipedia
Weltsicht	Wikipedia
Maximilian	www.nationmaster.com
Turnier	Wikipedia
Folterwerkzeuge	folter_halsgericht www.india.de.jpg
Hexengruppe	www.sfn.uni.muenchen.de
Vexierbild	www.unipublic.unizh.ch
Frauenbildnis	uni-osnabrueck.de
Malleus Maleficarum	www.noosfere.org
Hexenmarginal	Champion_des_dames_Vaudoises
Hexe mit Teufel	witcchessex
Gut und Böse	apok04_payer.de
Corpus Juris Canonici	rodt_lawbook home.egge.net
Dominikaner	Wikipedia
Succubus	forum.darkness.com
Innozenz VIII.	I ritratti dei Papi, Vatikan
Hexenhammer Deckblatt	Wikipedia
Vor der Befragung	Wikipedia
Folterkammer	Folterkammer3 www.scharfrichter.org
Halsgerichtsordnung	Terra X: Kolumbus; S.23
aufziehen	www.valesiascuole.it

Hexenverbrennung	Hans Kompatscher, Völs
Wappenstein	Eigene Aufnahme
Anna Jobst Straßenschild	Eigene Aufnahme
Hexensabbat	https://commons.wikimedia.org/w/index.php?curid=938041

Zum Autor

Dr. Elmar Perkmann beschreibt in dieser Schrift das komplexe Phänomen der Hexenverfolgungen am Beispiel der Hexenprozesse von 1506 und 1510 in Schloss Prösels bei Völs am Schlern in Südtirol, Italien.

Der Autor hat sich in vier weiteren Veröffentlichungen (**Schloss Prösels: Text- und Bildimpressionen** zusammen mit dem Künstler Ivo Rossi-Sièf; **Schloss Prösels lebt!**, ein literarischer Schlossführer und **Schloss Prösels für Kids**, ein Zeitreiseführer ins ausgehende Mittelalter sowie einer animierten DVD: **Zeiten-Wände**) mit dieser repräsentativen Renaissancefeste aus der Zeit des Habsburger Kaisers Maximilians I. und den Menschen jener Zeit fasst.